本著作的出版得到湖南文理学院科学研究院优秀科研成果出版基金和湖南文理学院2017年博士科研启动基金"公平办教育，教育促公平"（蔡明山主持）的大力支持，特致谢意。

公平办教育 教育促公平

蔡明山 著

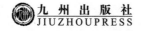

九州出版社
JIUZHOUPRESS

图书在版编目（CIP）数据

公平办教育　教育促公平 / 蔡明山著 . -- 北京：
九州出版社 , 2021.12

ISBN 978-7-5225-0817-7

Ⅰ . ①公… Ⅱ . ①蔡… Ⅲ . ①教育—公平原则—研究
—中国 Ⅳ . ① G52

中国版本图书馆 CIP 数据核字（2022）第 025196 号

公平办教育　教育促公平

作　　者　蔡明山　著

责任编辑　王　佶

出版发行　九州出版社

地　　址　北京市西城区阜外大街甲 35 号（100037）

发行电话　（010）68992190/3/5/6

网　　址　www.jiuzhoupress.com

印　　刷　唐山才智印刷有限公司

开　　本　710 毫米 ×1000 毫米　16 开

印　　张　13.5

字　　数　207 千字

版　　次　2022 年 6 月第 1 版

印　　次　2022 年 6 月第 1 次印刷

书　　号　ISBN 978-7-5225-0817-7

定　　价　95.00 元

内容与特色（代序）

　　教育公平是社会公平的基石，因此，教育公平是最大的公平，是人们长期追求的理想目标，是社会主义教育的永恒追求。而良善的教育政策是改变教育不公平最直接最有效的手段。于是，联系教育现实和教育政策开展教育公平研究就具有不可忽视的理论价值和实践意义。

　　本书的研究内容主要可以归纳为三个部分。第一部分是教育公平的理论解读。笔者崇尚以人为本、个性发展、特长发展的教育理念，希望我们的教育如张楚廷先生所说："使每个学生成为最好的自己。"于是，本部分内容主要为：（1）对张楚廷先生的人本教育思想进行了解读，作为本书理论支撑。（2）对于我国古代著名教育家、思想家孔子、韩愈的教育思想，本书也进行了解读，希望深入挖掘、全面理解其真正的含义，避免误读或偏激，因而，查找了其不足，也就是时代局限性，希望取其精华去其糟粕，为现代所借鉴。（3）特别地，由于高等教育公平是一个高度开放的话题，其内涵多样而复杂，如果缺乏共识作为基础，就容易自说自话，或以诠释为借口，出现理论邪说，因此应当寻求共识——高等教育公平共识就是在高等教育领域有关公平的一致的观点、共同的认识，应当具有理论正当性和时代适切性。因此，基于高等教育公共性和系统性理论，笔者认为，高等教育公平的基本共识包括法治的共识、多样性的共识和选择的共识等方面。这对探讨国家教育政策与教育问题，树立比较一致的教育公平思想，寻找教育公平的解决之道具有指导意义。

　　第二部分对我国教育中一些重要事件的公平思想进行了辨析，认为，

（1）学术"近亲繁殖"是一种可以协调的博弈，从中可以得到对待人才的良好启示。（2）高校教师职称晋升对学科、专业发展具有良性的促进作用，不能肤浅认识、简单控制比例、短视地处理。（3）"高等教育产业化"是不正确的观点，产业化会破坏教育的公共性、公益性，必须坚持教育公益性的底线。（4）1952年6月至9月的我国高等教育"院系大调整"建立起了中央集权的高等教育模式，强化了工业院校和工科专业，对国家工业发展起到了及时的、积极的支撑作用；改变了我国高等教育分配上的地域差异，促进了教育公平。然而，从历史和发展的角度看，院系大调整违背了教育规律，破坏了交叉融合、协调发展的教育生态，妨碍了人文社科类高等教育的发展，也不利于工科院校可持续发展。（5）高等教育是公共资源，应该"共享"，但由于资源是有限的，共享也就是有限的，要把握好一个"度"；同时，"共享"是一个渐进的过程，不能操之过急。实践中我国优质高等教育资源既有共享过度，也有共享不足。以科学的理论指导我国优质高等教育资源共享的实践，以进一步完善我国高等教育相关政策，就要在理论上考察"共享"的利与弊，寻求"应然"；在实践中查找成功经验与不足，以资借鉴。（6）我国师范生教育从"公费"到"自费"，再到"免费"，并进步到"公费"；从部属大学到地方师范院校。在招生录取、人才培养、就业履约、条件保障等环节的政策不断完善，可以发现蕴含其中的教育公平价值不断得到改善和提高，但由于其涉及面广，方方面面的工作十分复杂，因而，短期内还会存在一些不足。

　　第三部分是从公平的角度对我国当前教育实践中的一些具体问题的审视，根据实际情况查找了原因，给出了明确的观点，并提出了一些改进思路。笔者认为，（1）高校定编定岗与职称评定中的指标控制不利于教师发展。（2）高校用人"举贤"不必"避嫌"，高校留下本校优秀毕业生具有充足的理由。（3）现行师范生免费教育政策在层次、地域以及就业、考研等很多方面都有值得改进的地方。（4）高等教育扩招是国家发展与人民对教育的需求和经济社会发展的必然；大学教育按其自身的规律与特定的任务组织教学、培养人才，其课程设置与教学内容选择有理有据，不被就业所左右；大学教育不是就业教育，大学教育不是"人才结构失衡"的根源。因此，大学生就业难的责任不在高校。（5）高等教育独立学院、普通高校成人教育办学均存在不公平，普通高校成人教育应是职业导向。

　　本书是一个具有15年教育教学管理工作经历的工科教师，结合自己的教学、教学管理、教育管理的经历开展的研究，因此，视角独特。笔者以现实教育中的具体问题为研究对象，以在教育学博士修读期间及前后，和长期课外自修积累的教育学理论知识和经验为支撑，进行深入的思考而开展研究，目的就在解决实际问题，希望能够立竿见影，因而其成果更加接地气，针对性强、操作性强、应用性强，能够解决教育现实中的公平问题。文章绝不罗列大篇幅的古今中外宏大的教育理论，而多以个人思考辩证地、发散性地面向问题，寻找解决方案和具体办法。对名家言论慎重对待，认真甄选，绝不盲目推崇，不过度迷信，甚至寻找不足，取其精华去其糟粕，为我所用。对教育政策与制度，结合现实具体问题进行深入思考，不简单摇旗呐喊、人云亦云，而是有理有据地大胆提出自己的独特观点，其中很多都是首次呈现。

　　本书主要面向的读者涉及教育学专业在读或已毕业本科生、硕士、博士，高校和教育科研院所的研究者，高校教育管理者，高校教师，国家和各级政府教育决策者，教育政策咨询专家，各级教育行政部门。由于本书以一个"非专业的"教育研究者的视角开展教育研究，其研究方法与研究成果、结论、观点，对从事教育研究的非教育学专业人士——包括高校从事教育研究的管理者、教师，都具有很好的启发作用，因此可以作为教育学专业在校生和高校各类教育研究人员的教育科研课外修读参考书。

湖南文理学院　蔡明山

2021 年 10 月

目 录
CONTENTS

第一部分

01

教育公平的理论解读

自由优先，个性发展

——张楚廷人本教育思想解读

张楚廷先生人本教育思想博大精深，是对我国乃至世界教育思想的补充乃至匡正。研究张楚廷先生教育思想，具有广泛而深远的理论价值与实践意义。张先生认为，教育来源于人内在的需要，教育的根本是发展人的可发展性。教育为了充分发挥人身上的自然力、生命力、天赋和才能。学校是自由人的自由产物，不仅在于传递真理，而且在于赋予师生以自由。教育为了人的自由发展，自由发展是创造的前提。大学坚守自由教育思想之精华的实质，在于坚持以人的充分发展为核心目标。因此，高校要实施素质教育以达成成人教育、创造教育；高校教学与管理要体现以人为本，要用好人，促进人才的全面发展，在管理与服务中体现育人职能。教育目的不是"适应"，因此，大学不是职业教育。全面发展就是个性发展、特长发展，因此，真正优秀的教育没有模式。教师的劳动对象具有主体性、主动性，并且都是独特的自我；学校的"产品"还参与其自身的"生产"过程，因此，教师不是工程师。

一、教育在于解放人、发展人

（一）人是决定因素

教育来源于人内在的需要。[1]19人使"自己的生命活动本身变成自己意志的和自己意识的对象"，也就是说，人以自己为对象。这是人的根本性之一。人的发展是自由的有意识的活动。人这种生命所以区别于其他生命，就在于其可以以其自身生命为对象，并通过这种对象性活动来发展自身。人是特殊的、有意识的存在，是可以学习的生物。人在不断地进化、发展着自己，其后天的意识也在发展中不断完善着、提升着。但是，为了使其特有的有意识的思考和行为得到进一步提升，人还必须学习，不断训练自己，于是，人的特性决定了教育的存在。苏格拉底认为，求知是每个人灵魂中固有的能力。亚里士多德指出，教育的作用是促进人的理性发展，帮助人有一个"完满的人生"。教育在很大程度上是辅助获得新的生命，或辅助学生走向新的生命。因此，教育是生活的需要，是以个人兴趣为导向，而不是以社会需要为导向的任务。[2]1091 发展是人的内在需求，人的发展是社会发展的终极目的，只有人发展了，社会才会发展；而社会的发展，也会带来人的发展。两者互为目的也互为条件，但是，两者之间人的发展更为根本。为学术而学术，为真理而真理，从根本上说就是人的本性。[3]16 人具有可发展性。教育的根本是人的发展，发展人的可发展性。全面发展是人的内在要求，社会对人的全面发展的要求只是一种外在的要求；社会的要求只有建立在人的要求的基础之上才是合理的，也只有这样，社会的要求才变成社会本身的内在要求。事实上，高等教育原本是作为人生活的一部分而诞生的。[1]15

教育是人的权利。教育是人类发展的正常条件和每个公民的真正利益，教育是每个公民都应该拥有的平等权利。[4]127 人的权利赋予了教育权利。自由教育反过来更好地体现了普遍的人的权利。一切的有用，首先应是从人自身来考虑的，从对人的发展、人的需要来考虑的。人是出发点，人决定有用无用。教育是因人的需要而有用的，教育的直接意义源于人本身。人的地位有多高，教育的用处就有多大。对于经济发展是不是有用，这是属于对于人的发展是不是有用的问题之下的。对于政治发展是不是有用，这又是属于对经济、文化、科学等的发展是不是有用的问题之下的。教育的地位是由人的地位来支配、制约、决定的，而不是由政治、经济的地位来直接决定的。[3]10 教育为人，为受教育者本人；教育也为社会，为他人。但社会是由人组成的，我为人人，人人为我，才是一个完整的社会，因而归根到底，教育是为人。

教育为了人的解放。解放就是要破除已有的束缚，使存在于人身上的自然力、生命力、天赋和才能充分发挥出来，全面展示出来。学校的义务就是创造各种条件，保障学生能够获得全面发展。[3]99学校是自由人的自由产物，是追求自由、追求更高境界的人自身的产物。因此，学校的任务不仅在于传递真理，而且在于赋予师生以自由。学校的真谛在于通过知识、通过真理使人真正享有自由，拥有力量。自由学科就是人本身的学科，自由教育就是教人解放自己的教育。因此，要乐于为学术而学术，为自由而学术，为人本身而学术。钟爱自由教育，其结果不仅会使自由学科本身受益，还使包括科学技术在内的各方面均从中受益。

（二）教育为了人的自由发展

自由是人的本性。情况越是特殊，知识就越是经验性的；知识越是经验性的，教育就越不是自由的。[5]89教育本是追求解放和自由的活动，它以人的全面发展为理想，目的是提升人性，价值是让人摆脱现实的奴役，作用是开发人的潜能。[6]3解放人与引领社会发展是教育的主要职能。解放与引领人的教育以人为社会的中心，以教育为方式，以人的解放和社会的完善为目的。[6]6人的全面发展是社会的需要、经济发展的需要，但归根到底是人本身自由发展的需要，是人的本质需要，因为社会是人的社会，经济发展也是为着人的。因此，大学是通过为人的发展服务而服务经济、服务社会的。[1]347大学顽强地坚守自由教育思想之精华的实质，在于坚持以人的充分发展为核心目标。[1]346

自由发展是创造的前提。越是自由，走向真理的可能性越大；越是自由，走向创造的可能性越大。人处在十分自由的状态下，就比较容易产生遐想、顿悟、灵感，这些东西是创造的元素。[3]109自由不一定会有创造，不自由一定不会有创造。[3]109

自由教育才有生命力。以传授自由知识为基本内容的教育，称为自由教育。"学"为"术"之本，是基础，而"术"是"学"之用，只有在基础科学得到发展并且在科学的指导下，技术的发展才有所保证，也才有可能取得突破。在科学与技术的教育中，重"术"轻"学"是没有发展后劲的。[7]118高等教育的多样性即高等教育层次的多样性、种类的多样性、特质的多样性，是高等教育本身生命的表现。高等教育生命的表现源于人的生命的表现。[1]17通才教育在传授给学生实用性知识技能的同时，更注重培养学生良好的道德素质和崇高的精神追求，注重开发学生知识技能的自我更新和创造能力，这是今天学校教育要追求的"道"。

（三）高校教学与管理要体现以人为本

素质教育是成"人"教育、创造教育。大学之根本在于培养全面发展的高素质人才，因此必须正确理解素质教育的内涵。素质教育不仅仅就是艺术教育，也不是文科生了解一点自然科学知识、理科生读一点文学知识就足够了的。素质教育是培养具有可持续发展的内在活力与动力的"全人"的教育，其教育内容是丰富的，教育形式是多样的。最低层次的素质教育是"成人"——教人做人的教育，最高层次的素质教育则是创造性人才的教育。

高校要用好人，促进人才的全面发展。不唯学历，不唯职称，不唯资历，不唯身份，把品德、知识、能力、业绩作为主要用人标准；一流人才、一流贡献、一流回报。高校的管理者要当好学生和教职员工的服务员，维护高校师生的切身利益，真心实意地为师生做好事、办实事、解难题。高校管理要不断完善领导、专家、群众相结合的决策机制，尊重员工的主体地位和创造精神，使一切有利于高校发展的创造愿望得到保护、创造活动得到支持、创造才能得到发挥、创造成果得到肯定，努力提高科学管理水平。

高校管理与服务要体现育人职能。高校承担着教学育人、管理育人、服务育人和环境育人的重要职能，高校的管理与服务要做到服务为先。如后勤服务，高校后勤工作是学校教学、科研、师生员工生活的重要保障，其工作性质决定了它具有管理与服务的双重职能。要管理好，必须先服务好。服务是前提，是完成管理目标的第一要素，是后勤工作的重中之重。服务好了，人心就稳定了，愉快了，管理的措施也能得以落实，管理水平也能顺势上去了；相反，没有服务好，就谈不上管理。总体说，管理要突出服务；管理的目的是为了更好地服务；管理也是服务。因此，高校后勤本身也需要不断调整，使自己的服务管理符合科学化、程序化、专业化要求，在"育人"上下功夫思考，深入研究高校规模扩大给教育教学、科学研究、学生社区和食堂管理等后勤服务带来的新课题，加强科学管理，体现以人为本和落实"育人"功能，为广大师生提供最佳的学习、生活和教育科研条件。

二、教育不能工具化

（一）教育目的不是"适应"

知识本身即为目的，[8]23这就是人类心智的本性。为知识本身而追求知识，[8]25这是人类的天性，也是大学的天性。

孔子说"君子不器"，意思是，有学问和修养的人不应该仅仅成为一种可供使用的工具；君子不能像容器一样视野狭窄，思想僵化。君子应当有自己的主心骨，他应该是作为"人"而存在，而不是仅仅作为有用的"工具"而存在。"君子不器"就是要人们把目标和注意力放在"道"的层面上，而不是"器"的层面上。只有求德向道、求学得道才能摆脱一切"器"的局限。[7]115"轻道重器"的学生，表面似乎又专又能，很有实用性，却缺乏持久发展的潜力。从人格上说，这种学生只具有人的工具性，而失去了"道"，即人的本性。从技能上说，这种人只能是"专才"，而不可能是社会上需要的具有更强的适应性和创造性的"通才"。[7]115

"教育适应社会需要"就是认为，教育要围绕社会的需要来改变自己。这种教育观的实质是将人看作社会的工具——社会优先于人，人的教育和发展取决于社会需要。认为"教育要与社会经济、政治、文化等相适应，培养适应社会需要的人"，就是教育与社会保持一致，社会需要教育做什么，教育就做什么，教育因此成为社会的"尾巴"、政治的"工具"和经济的"附庸"。[7]46因为，适应是受到客观存在的逼迫与限制，为了明确的目的，去"应对"甚至不自由地去"迎合"而不得不做；不是精神的意愿，不是主观愿望想做而且乐意去做，不是自由地、主动地做想做的事。

适应性教育是以社会为中心、以人为中介、以教育为方式、以规则和控制为结果的教育。这种教育视工具为人的本性，视确定性为知识的特性，通过灌输式教育、维持性学习、量化考核等措施达到上述目的。教育被过早地功利化，教育的目的不是使人的精神得到释放，而是倾向于世俗的功名利禄；受教育不是为了人性得到提升，而是为了获得某种外在的实际利益。[6]6德国大学在历史上的绝大多数时期不受政府外的社会经济需求的影响……大学的基本作用是非职业的，它追求的是纯研究和纯学术，虽然大多数学生也确在为以后的职业做准备，但是专业准备传统上被看作是大学的第二等事务。讲课和研讨班上通常反映的是教授的研究心得而不是学生的职业需要。[9]20-21

（二）大学不是职业教育

职业教育就是就业教育，其以就业为导向，瞄准市场办学，服务于解决就业问题，这是其立足之本。其以市场为需要设置专业，以职业能力培养为宗旨，以熟练掌握岗位技能、专业技能为教学主线，把能够胜任企业岗位要求作为教学工作的出发点和落脚点。职业教育把就业作为直接目标，其实行的专门技术训练会把人制造成最有用的工具——甚至仅仅就是"有用的工具"。大学（本科）实施职业教育是明显的"学以致用、急用先学"的功利主义思想，在教育界、学术界表现为只重自然科学，忽视人文科学；只重实用知识，忽视理论知识，尤其漠视纯理论研究。

技术教育、职业教育不属于大学，普及教育也不属于大学。[10]22本科教育"订单式"培养不可取，因为既然是订单式的，那就应是订什么"货"，交什么"货"。[1]47还因为，自由教育是不易接纳职业教育的，因为职业教育的科目肯定不被认为是自由科目。[1]108我们需要把那些最基本（或最基础）、最持久和最普遍起作用的知识用尽可能相对短的时间以尽可能有效的方式传给尽可能多的人。虽然应当为从事某种职业做准备，可是，以某一种职业为终生职业的可能性越来越小，所以，也该为职业的转换做准备。然而，对这种转换更为有利的是普通教育。[1]113

科学作为一种职业，具有三个各不排斥的目的：使科学家得到乐趣并且满足他天生的好奇心，发现外面世界并对它全面了解，而且还把这种了解用来解决人类福利的问题，这就是科学的心理目的、理性目的和社会目的。[11]创新是以广博的知识为基础、多个领域融合基础上的高度专业性。跨学科是科学发展的重要驱动力，因为跨学科有利于重大科学问题的解决，而且跨学科才更有利于创造新知识。"以就业为导向"的大学培养目标具有太强的短期功利性，这种太强的功利性不利于学生的发展，也不可能培养出创新人才。况且，太狭窄的知识面和专业基础，也不利于学生就业和未来的职业转换。

　　大学当然少不了学习少许应用性学问，一般学院也会补充一些职业技术知识，但科学理论与形而上学才是大学的关键与核心所在，大学理应突出自由学科，实现大学追求自由知识、培养追求自由知识的人才的目的。自由教育不把就业作为直接目标而能够（在总体上）更好地解决就业问题。[1]345-346最有远见的大学鼓励一部分特别优秀的教授去做基础理论研究，鼓励他们去从事几年、十几年甚至更长的时间里看不到应用前景的研究，鼓励他们去做最深奥、最抽象的理论研究。[3]76

三、全面发展就是个性发展

（一）全面发展的实质是个性发展

　　生物多样性就是生命本身。[1]14全面发展的实质是个性发展——每一个人都能完全自由地发展和发挥他们的全部才能和能力。自由发展与全面发展相伴而行。[1]345每个人都是独一无二的，任何个人的多面协调发展，都表现为个性发展，或者说，多面协调发展总是通过个性发展表现出来的，而且，唯有充分的个性发展才是实际地走向更有特色更有意义的协调发展。[1]344

　　按心理学的说法，个性即人格，即"人的整个精神面貌"，它包括人的能力、才智、气质、性格、动机、兴趣、理想、信念等。在哲学上，个性与共性相对，个性是事物、人的独特性，而这个独特性显然也是建立在共性（与"全面"类似）基础上的。可以说，发展个性就是发展多样性，发展丰富性，发展创造性。没有个性发展便不可能有现实的全面发展。没有个性，肯定不会有创造；有个性还不一定有创造；个性的良好发展给创造最大的空间。如果我们热衷于创造教育而不热衷于个性教育，这就跟热衷于收获而不热衷于耕耘是一样的。[3]101因此，每个人的全面发展是他自己发展的全面，因而必是有个性的全面发展，或个性下的相对全面发展。一句话，全面发展的实质是学生的个性发展。

　　所谓创造，其实质就是寻求不一样。越是努力寻求不一样的人越可能富于创造。个性教育就是创造教育。有个性不能肯定有创造，但无个性则肯定无创造。[3]6-7所以，哈佛说它的目的就是让学生成为他想成为的人。[3]6真正的教育是人在一定社会环境下的个性化过程。教育内容的共性是不可避免的，但教育的终极目标毫无疑问是把每个人培养成他独特的自己，更高大的自己。这样，我们就可以说，教育在发展着人，解放着人。

真正优秀的教育没有模式。只按某种模式生活的人，只有技能的人，是比较没有知识和没有活力的人。提供模式是让别人"照着去做"。按照别人的模式去做，（培养出来的"人才"，）充其量可以叫作文化复制品。[1]50

（二）教师不是工程师

多少年来，人们一直在说"教师是人类灵魂的工程师"，说得多了，或大家都说了，也就"习惯成自然"地认可了，似乎教师还因此沾了工程师的光，于是可能还因此沾沾自喜。

其实，教师的工作和工程师差别很大。工程师喜欢模式，他们设计模式、应用模式，他们做设计、搞制造，都是为了使其劳动对象按照自己的理想去成就他物，往往没有太大的偏差而"千篇一律"。教师成为工程师，每个学生就都成为预设的那种模样，就不再是自己了。

教师是以培养人为主要任务的，其劳动对象、劳动手段和劳动过程具有特殊性，因为其劳动对象不同于物质生产劳动对象，而是具有主体性、主动性，他们不是纯粹的客体和自然物，有思维，有情感，有个性，有主观能动性，有差异性，有不同的性格、爱好和特长。在教师劳动的过程中，学生不是机械地、被动地接受外界的影响，而反过来，在教育过程中，学生不仅具有选择性、自主性和能动性，还时刻影响着教师的劳动过程。

学校的独特之处在于：它的"产品"（人——学生）还参与其自身的"生产"过程，而且还是这个"生产"过程的主角。"产品"自己在"生产"自己。每个人都是他自己，每个人都是独特的自我，每个人都与人不同。[3]109教师职业的特殊性在于：教师的劳动成果要通过学生的相关的知识、能力、素质、个性、品性等诸方面的提高来体现。教师具备热情、诚实、公正、勤奋等人格特征，比其具有的专业素质更加重要。教师是能够识别和培养人的人，担负着社会引领者和导向者的责任，这是教师崇高的精神定位，他应该成为社会的导师、民众的良知、精神的领袖。

教师被比喻成燃烧的蜡烛，因为他乐于奉献，照亮别人；教师被比喻成辛勤园丁，因为他懂得教育艺术，职业艰辛。因为教师的作用除了传授文化知识，还在于铸造学生的心灵，塑造学生的品格。

真正合格的教师可以以浅显而广博的比喻传达给学生精微的知识。

错误的观念导致错误的教学方法。教师成为工程师，教育就会成为工具理性，人就不再成为自己，而是一种驯服的工具。教师用自己的心灵去引导塑造学生的心灵，和工程师设计模式，并用模子去造模完全不是一回事。教师不是他人灵魂的设计者，而只能是辅助者，因此，教育不是把学生"修剪成型"，而是发现学生个性、培养学生个性、发展学生个性。优秀的教师是让学生成为他自己灵魂的工程师。[1]120 因为，学生具有发展的潜在可能性和可塑性，且其转变为现实性的条件是个体与环境的相互作用。教育是让学生"发展最能代表他自己的个性"，让学生"认识到自己天分中沉睡的可能性"，首先是人自身的发展，要让学生自己成为一个更完善、更高大的自己。因此，教师专业既包括学科专业性，也包括教育专业性。教师的关键在传授方法，交钥匙。教师不单是一种职业，更是一种专业，就是应该对不同智力状况的和不同教育起点的学生采用不同的教法，以达到不同的效果。

参考文献：

[1]张楚廷:《张楚廷教育文集第一卷：高等教育哲学卷》，湖南教育出版社，2007。

[2]〔美〕杜威:《民主主义与教育》，王承绪译，见任钟印主编《世界教育名著通览》，湖北教育出版社，1994。

[3]张楚廷:《感悟教育——张楚廷教育札记》，天津教育出版社，2009。

[4]〔德〕马克思、恩格斯:《马克思恩格斯论教育》，人民教育出版社，1979。

[5]〔美〕约翰·S·布鲁贝克:《高等教育哲学》，王承绪等译，浙江教育出版社，1988。

[6]李忠:《"适应"还是"引领":教育发展路径的不同选择》,载《教育理论与实践》2011年第10期,第3~7页。

[7]金忠明:《教育十大基本问题》,上海教育出版社,2008。

[8]〔英〕约翰·亨利纽曼:《大学的理想》,徐辉、顾建新、何曙荣译,浙江教育出版社,2001,第12页。

[9]〔加〕约翰·范德格拉夫等:《学术权力:七国高等教育管理体制比较》第2版,王承绪等译,浙江教育出版社,2001。

[10]〔美〕亚伯拉罕·弗莱克斯纳:《现代大学论——英美德大学研究》,徐辉译,浙江教育出版社,2001。

[11]〔英〕J.D.贝尔纳:《科学的社会功能》,陈体芳译,广西师范大学出版社,2003。

链接:

差异公平:走向个体的平等

教育公平问题的关键是教育质量观的转变。教育质量观的核心因素是人,而不是人之外附加的评价标准以及这种标准下僵化的数字符号。

教育公平的本质是什么?教育如何对待那些"条件较差""实际成就较低",在社会中处于最不利地位的人们?当我们把公平的标准基于某种外在的绝对条件的时候,教育是否还能够促进个体发展的平等?本文就此进行了思考,提出了"差异公平"的概念,从课程与教学的角度分析了差异公平的视角、特征和功能。

教育公平的本质:关注个体差异

从目标的角度考察义务教育学校课程与教学的公平问题有两个视角,一是基于不同学生各自所取得的实际学业成就的比较,称为"成就的视角";二是基于不同学生各自所取得的实际成就与他能够获得的最大成就之间的差值的比较,称为"差异的视角"。第一个视角关注学生在学校生活中的绝对学业成就,是实际的学业水平的比较;第二个视角关注学生潜能的发挥程度,是对同一个学生学业发展过程中学业成就前后差值的比较。

对个体在发展过程中实际成就的关注和对个体潜能发挥程度的关注具有不同的教育意义。这两种不同的问题视角形成了不同的教育公平观。一种是在对个体发展过程中差异性忽视的基础上形成的公平，称为"实际成就的公平"；一种是在对个体发展过程中差异性认同的基础上形成的公平，称为"差异性公平"。

差异公平的特征：目标、过程和结果的分析

目标的差异性。基于儿童个体差异的课程与教学目标把儿童个体潜能的发展作为目标的核心，课程与教学不是为了对儿童进行区分和分层，而是要求课程与教学以适合儿童个体差异的方式促进儿童潜能的发展。义务教育课程与教学必须顾及每一位适龄儿童应当接受的学校教育的需要，在教学目标上认同儿童间的差异。它不是将儿童间的差异作为对儿童进行等级区分的理由，而是作为调整教学目标的一个初始原因。从这个前提出发，义务教育学校自身是不能对学生的学业和品行进行区分鉴定的。对学生学业的问题、品行的问题，学校有关心和解决的责任。义务教育学校对每一个儿童有进行公平与平等教育的义务而没有拒绝的权利；学生有接受优质平等的义务教育的权利，不能被优质学校作为挑选的对象。

过程的体验性。从公平的视角看课程与教学过程，涉及两个问题，一是课程的设置与选择问题，一是具体的实施问题。课程的设置与选择要从学校和学生的实际出发，在学校生活中，儿童应拥有适合其自身特点的课程，学校提供多样化的课程以供儿童选择，然后根据不同儿童的特点组织让不同儿童都能够接受的教学。具体实施过程中要关心不同儿童在学习过程中的有差异的个人体验。

结果的多样性。结果的公平不是等齐划一的公平，而是具有多样性的公平。教育不是竞技，教育不应具有竞技性，义务教育更不具有竞技性。过去社会的教育特别注重教育的选拔功能和淘汰功能，这与教育的育人本义是有所偏离的。

从培养合格公民的角度看，学生在学习过程中的进步是成为一个公民的基本要求，而不是将这种进步无限地向上拔高。如果在成长过程中被过早地定型，人就会早熟，没有儿童个性的儿童就可能成为社会的怪胎。儿童的个性具有多样性，教学结果的评价也应具有多样性。

差异公平的价值：促进个体平等

正是考虑到了不平等的社会现实中人的意义和价值，差异公平才将视角转向个体，通过对个体差异性的认同寻求社会的平等。差异公平的视角下，教育质量观的核心因素是个体的人的发展。义务教育是培养社会合格公民、打下"成人"基础的教育，义务教育的质量观应该是建立在学生全面和谐发展之上的质量观。让每一个儿童健康成长，成为健康合格的优质公民是义务教育质量观的核心。

义务教育学校课程与教学公平，要求为每一个儿童提供优质的课程和优质的教学。不同儿童，由于先天素质、家庭背景、生活经历存在差异，其享受到的公平应是基于个人身心特点、发展需要的，而不是要在儿童的身心特点、发展需要之外附加一套符号化的评价标准，并以这个符号化的标准作为是否公平的依据。

因此，从学生个体出发，基于学生个体发展的差异来分析义务教育学校课程与教学目标是解决教育不平等问题的第一步。就义务教育来说，公平的起点是每一个学生发展的个体差异性。

（《中国教育报》2013年5月3日第6版。有删减。

作者：南京师范大学课程与教学研究所吴亮奎）

孔子的教育公平思想及其当代价值

教育公平是社会公平的基石，是人们长期追求的理想目标，是社会主义教育的永恒追求。早在2500多年前，教育圣贤夫子孔丘在其教育教学过程中就在努力实践着他所倡导的"有教无类"和"因材施教"，其具有极其丰富的教育公平思想内涵。研究孔子的教育公平思想，寻找其优点与不足，对于当今中国乃至世界教育具有重大的理论价值和实践上的借鉴意义。然而，仔细深入考察孔子的教育公平思想，发现其也存在一些时代局限性，例如，其"有教无类"是不完全的，或者说是有条件的；其教育目的、教育内容是受限制的和狭隘的；其"因材施教"是受封建伦理羁绊的。现代教育中要深入理解、充分挖掘孔子的教育公平思想，通过借鉴、参考，对比、甄选，取其精华而去其糟粕，呼唤、倡导真正的"有教无类"，实施真正的"因材施教"。

一、孔子教育公平思想的内涵

（一）"有教无类"

对于"有教无类"的理解，古人的观点各不相同，例如，皇侃认为，人无贵贱尊卑的差别，而之所以有区别就在于教育的不同，正如皇侃《论语义疏》云："人乃有贵贱，且宜资教，不可以其种类庶鄙而不教之也；教之则善，本无类也。"这里的"类"即指人贵贱的不同种类。朱熹认为，人性从本性上讲，没有善恶区别，教之则善，亦如《论语集注》曰："人性皆善，而其类有善恶之殊者，气息之染也。故君子有教，则人皆可以复于善，而不当复论其类之恶矣。"这里的"类"即指人善恶的不同种类。高拱认为,"类"是指人种族的不同。《问辨录》:问"有教无类",曰:"类有善恶之殊,君子有教,则人皆可以复于善,而不当复论其类之恶。""是否?"曰:"非也。言教之所施,不分族类,随其他各项之人,但知求教,即有以教之,非谓类之恶也。"这里的"类"是族类。

现代学者对"有教无类"的解释更是众说纷纭,莫衷一是。易佳通过对"有教无类"的分析及对孔子教育实践活动的考察,结合古今学者的研究成果,认为,"有教无类"指对于前来求教的学生,不论家庭出身、社会背景、经济条件、社会地位、国籍如何,亦不论性格、年龄、外貌特征、天资禀赋等,都应不加区别地给予教育。[1]29

《论语》《左传》《史记》的记载可以证明,实践中孔子学生的来源也的确非常复杂。事实上,孔子的学生大部分来自庶民,其中很多人都是贫穷家庭出身,如颜回"一箪食,一瓢饮,在陋巷",[2]子由"衣敝缊袍",原宪"家贫,蓬户瓮牖,上漏下湿",子夏"衣若悬鹑";子路是"卞之野人",冉雍是"贱人之子"。当然,也有贵族子弟,如孟懿子和南宫敬叔。有的比较愚笨、迟钝,如"柴也愚,参也鲁"。有的相貌丑陋,如澹台灭明"状貌甚恶"。有的父子同为孔子的弟子。有的来自不同的国家。孔子都是"吾未尝无诲焉"。[3](笔者注:"我没有不教他们的。"诲,教诲。也就是一视同仁,有教无类。)因此,《吕氏春秋·劝学》说"故师之教也,不争轻重、尊卑、贫富,而争于道,其人苟可,其事无不可"。

(二)"因材施教"

"因材施教"是宋代二程和朱熹从孔子的教育实践中概括出来的,说"夫子教人,各因其材"。[4]即是指孔子善于发现学生资质、性格、能力、心理特点、兴趣、思维状况等方面的差异而进行有针对性的教育。孔子充分了解学生在智力方面的明显差异,他说"生而知之者,上也;学而知之者,次也;困而学之,又其次也;困而不学,民斯为下矣"。颜回能"闻一知十",子贡只能"闻一知二"。孔子还尽力了解学生性格气质上的差异,如"柴也愚,参也鲁,由也谚";"师也过,商也不及";"由也果""赐也达""求也艺"等。

孔子还通过教育、观察，发现人与人之间能力及其倾向的较大差异，他说"由也，千乘之国，可使治其赋也"，"求也，千室之邑百乘之家，可使为之宰也"，"赤也，束带立于朝，可使与客言也"。

在充分了解学生个性差异的基础上，孔子特别注意根据学生能力、基础、特长进行有针对性的教学。子路问："听到一个很好的主张要立即去做吗？"孔子回答说："家里有父兄，怎么能自己做主张呢？"当冉求问同样的问题时，孔子却回答："当然应该去做！"公西华很不理解，认为老师讲话前后不一致。孔子说："子路遇事轻率鲁莽，所以要抑制他一下，使他谨慎些；而冉求遇事畏缩不前，所以要鼓励他大胆去做。"这是何等的智慧呀！针对学生智能的高低，孔子也进行不同的教学。"中人以上，可以语也；中人以下，不可以语也。"[2]孟懿子问孔子什么叫"孝"，孔子回答说："无违。"当时由于孟懿子的理解能力有限，没有进一步要求"无违"的内容，孔子也就不再讲下去。后来，樊迟问孔子什么叫"无违"，孔子才进一步具体说明"无违"就是父母生前死后都要按礼的规定对待他们，不能违反。[1]33由于孔子实施"因材施教"，他的学生各有所长，有长于德行的颜回、闵子骞、仲弓、冉伯牛；长于言语的子贡、宰予；长于政事的子路、冉求；长于文学的子游、子夏等。

二、孔子教育公平思想的时代局限性

（一）不完全的"有教无类"

孔子"有教无类"的教育公平思想其实是有条件的，或者说是不完全的，有其历史、阶级、政治的局限性。孔子办学将教育对象扩大到平民阶层，打破了"学在官府"的旧传统、旧制度，使文化教育"博施于民而能济众"，但未包括奴隶和妇女，而且孔子有重男轻女的倾向，说"唯女子与小人难养也"。[5]这种局限性是由孔子生活的时代和阶级所造成的，并与当时生产力和社会发展的水平有关。当时男尊女卑观念根深蒂固，妇女不仅被剥夺了政治权利，而且也被剥夺了受教育的权利；就当时的诸侯国而言，它们急需的是能使国家强盛和称霸的人才，老百姓关心的只是求得生存，教育问题还未成为社会矛盾的焦点和热点；[1]30 因此，孔子再"圣"，他作为统治阶级的代言人，也必须维护政治统治及其阶级利益。不过，孔子作为我国古代的卓越教育家，即使无法实践，但竟然连教育上男女平等、不同阶层都应该有受教育的权利的理念都没有，也让我们这样的后辈们为他感到遗憾，可以说是"圣人"的不足。

孔子的地位也决定他难以从执政的角度探讨教育资源配置的公平等深层次问题。同时，孔子没有站在国家和整个社会的高度来看待教育，没有认识到教育对社会发展的重大意义，没有争取国家对教育的支持与投入，认为接受教育只是个人和家庭的事，因此，他只是小范围内开展教育实践而无法顾及众多的人，特别是穷困者，就是因为没有提倡教育救济，如国家救济，富人对穷人的救济，使真正聪明的孩子能有机会读书，享受有质量保证的教育，为国家、为社会贡献自己的才华。

（二）被限制的教育目的和狭隘的教育内容

孔子教育的培养目标是统一的：培养德才兼备的从政君子，让学生掌握"礼、乐、射、御、书、数"等六艺。因而其学生接受教育的目的就是为了当官——从事国家管理，这种教育目的自然有其特定的历史、政治环境，但正因如此，其教学内容就是政治的需要，他编写教材也就不能摆脱这个目的的限制。《庄子》记载"丘治《诗》《书》《礼》《乐》《易》《春秋》"，《诗》教人态度温和，性情柔顺，为人敦厚朴实，而不至于是非不辨；《书》教人知历史，晓先王施政之理，而不至于乱作评论；《礼》教人恭敬严肃，懂道德规范，而不至于做事没有节制；《乐》教人心胸宽畅，品性善良，而不至于奢侈无度；《易》教人知人事正邪凶吉，事物之理的精微，而不至于伤人害物；《春秋》教人交往用词，而不至于犯上作乱。[1] 这大概就是我们现在所说的素质教育的大部分。但是这个单一的、服务政治的目的，必然有其自身的局限性，使学生的思想受到束缚，而不可能依学生的自我需要而进行培养，其培养出来的"人才"也不可能是"完整的人""全面发展的人"。

下文更加能够证明其在当时历史条件下，受封建礼教的束缚，导致教育内容的狭隘。前文提到，孔子就同一问题"什么叫'孝'"对孟懿子和樊迟给出了不同深度和不同角度的回答。笔者认为，孔子对当时理解能力尚且不够的孟懿子回答"孝"就是"无违"而不做解释，对可以理解、能够思考的樊迟却进一步具体说明"无违"就是父母生前死后都要按礼的规定对待他们，不能违反。除了这本身就是一种颠倒的教学方法外，还可以看出，孔子的教育受到中国古代传统礼教的束缚仍然很严重。今天我们反思：如果不能违反父母而只能盲目遵从，上行下效就完了，还会有独立思考吗？不敢越雷池半步，还会有朝代更替、社会进步吗？我们要培养的是敢于质疑、善于质疑，敢于发现问题，然后解决问题的"有头脑"的人，因循守旧哪来的科学进步？历史上有重大成就的科学家往往都是敢于挑战权威的人，正是他们的一系列重大发现推动了科学的进步和社会与人类的飞速发展。

同时，我们说，孔子教育聪明的人都是为了当官而读书，没有考虑普通劳动者，更没有重视科学研究，谁去从事经济建设，谁来推动社会进步？在那样的教育目的下，对于当代教育家张楚廷先生在其生命论教育哲学中所主张的教育是"生命教育""人的教育""全人的教育""全面发展""个性教育"这种观点，要推行起来，是绝对不可能的。事实上，在那样的时代，即使是培养劳动技能，使人人都能够自食其力，也是非常必要的。

（三）受羁绊的因材施教

孔子实施"因材施教"是在那样的政治、历史环境和客观现实下不得已而为之。因为春秋末期诸侯争相招集各种不同贤才为己所用，需要孔子等教育人士因材施教；当时的学生年龄不一、出身背景和地域不同、文化水平和教育素养参差不齐、性格特征各不相同。

对于前文提到的，孔子就同一问题"听到一个很好的主张要立即去做吗"，对子路和冉求的不同回答可以看出，孔子在教育实践中的"因材施教"是有缺陷的，同时这也是传统礼教限制的结果。既然这是一个"很好的主张"，怎么就因为"家里有父兄"就不能"自己做主张"呢？父兄不死，岂不是子路就怎么也长不大而永远不能做主张？对于"遇事轻率鲁莽"的人，要教他在行为时如何谨慎细致，全面、周到地去思考问题，思考可能因为某一个事件、行为而导致的后果，避免冲动冒进，甚至出了问题怎么处理，而不应该仅仅是抑制而叫他"不为"；对于"遇事畏缩不前"的人，不能仅仅是"鼓励他大胆去做"就完了，还要了解他"遇事畏缩不前"的根源，解决他的心理问题，同时告诉他行为过程中可能遇到的一些不顺利以及解决方法，他才能在谨慎细心的基础上真正地"大胆去做"。

《论语》中先后记载了子张、子路、子夏、子贡、仲弓等学生都曾向孔子"问政"，而孔子则根据各人对政治的态度和个性特长的不同，给他们做了各不相同的回答，[6]等等，都有值得反思的地方。我们要培养的是高素质强能力的"全人"，要挖掘学生的潜力，充分发挥学生的特长，而不是把学生圈定在某一个小范围内，更不是以统一"模式"制造机械零件。人是有生命、有思维的高级动物，道理往往具有普适性，使学生知其然不知其所以然、知其一不知其二、一知半解都不是全人的教育，更不是生命教育，因而也绝不可能是成功的教育。

三、孔子教育公平思想的当代价值

孔子的教育公平思想是中华民族珍贵文化遗产的一部分，他在两千多年前提出并在教育实践中加以实行的教育公平思想具有极其丰富的内涵，虽历经两千多年社会实践的洗礼，在现代仍不减其耀眼的光辉。孔子的教育公平思想又是一面镜子，它折射出当代中国教育现状的诸多弊病，以古鉴今，催人警醒。[1]29

（一）"差异"不是教育公平不可逾越的障碍

美国教育活动家霍拉斯·曼说："教育是实现人类平等的伟大工具，它的作用比任何其他人类发明都要大得多。"[7]教育能明显地改变人的生存状态，因而教育公平与否是人们生存和发展机会平等与否的前提条件。教育权利是人发展的最基本权利之一，这种权利应该公平地被每一个人所享有。一个人是否能够拥有受教育权利以及拥有什么样的受教育权利，不仅决定着他的现实发展水平，而且还会决定着他的未来生存和发展状况。就一个国家而言，教育普及的程度也决定着经济发展的后劲。现实社会中，不同社会群体的不平等状况都是必然的存在。而打破这种不平等现实的最可能的途径是提供公平的教育机会。中国快速发展的经济状况并没有促进教育公平的发展，相反随着经济的发展，城乡的差距、地域的分化在进一步扩大，教育资源的分配上更加不平衡。这就更为教育公平的实现增添了难度。但是"差异"并不能成为拒绝教育公平的借口。2500多年前孔子所处的时代是贵族教育时代，当时诸侯争霸，战火纷飞，各地的政治经济文化的差距非常大，求学者的家境、个人资质更是天壤之别，但是这些并没有影响孔子"有教无类"，其教育思想突破了那个时代只有贵族子弟才能接受教育的官学樊篱，使教育对象有了一定的普及性，一定程度上实现了教育的平民化，体现了历史的巨大进步。[1]29 如果今天仍然以"差距"为借口不去积极实现教育公平，其论据是站不住脚的。教育是一种重要的公共产品，教育公平是社会公平的基础。根据罗尔斯原则，教育公平应该遵循"普惠"和"差异"并存，坚守"正义底线"与"差异补偿"并重。政府首先要把教育资源做大，同时，面对历史遗留的城乡差别问题、重点与非重点学校问题，政府有责任、有义务承担起相应职责，尽快、尽量缩小城乡差别、地域差别，对弱势学校采取重点扶持措施，城市教育、重点学校要帮助农村教育、弱势学校发展。最重要的和关键的是让弱势群体的孩子进质量有保证的学校。

（二）教育公平与教育均等是两个不同的概念

有人误认为教育公平就是教育均等，因为先天后天的差异是不可避免的，由此他们借此否定教育公平思想。其实教育公平并不否定地域与地域之间、个体与个体之间的差异，承认差异，并正对具体的差异采取相应的分别对待，这是一种尊重，不是歧视，是突出个性，不等齐划一。孔子"因材施教"的思想体现出对个体的高度尊重。它承认学生的个别差异、先天智力的不同，是对不同个体的尊重，对个性的尊重，并且要求教师在充分了解学生的基础上，从学生的实际出发，针对学生特点进行差异教学。要求教学中要"不愤不启，不悱不发"。[3]调动学生学习的主动性和积极性，注意发展每个学生的个性特长，要"视其所以，观其所由，察其所安"。[8]针对不同条件的学生因材施教，才会使其各自获得教育效益。

这是在充分尊重受教个体个性差异的前提下进行的。只有准确掌握个体特殊性，才能对学生有深刻而全面的了解。教师经常通过谈话、观察了解学生的志向、思想、言行，从中进行分类、归纳。学生除年龄、出身等方面差异外，尚有智力、性格、气质、才能、志向等方面的差异。教师进而根据实际情况，有的放矢地进行差别教学。承认学生间的个别差异，是因材施教的前提条件。

（三）教育公平在教育多样化中实现

"因材施教"的科学育人观，即以教育心理学为依据，针对学生的具体情况、个性差异进行不同的教育，或采取不同的措施，使他们成为社会所需要的人才。在教育中不讲差异、不重视发展学生的个性、不重视因材施教是教育公平实现过程中最大的障碍。为不同的学生提供最适合于他们的教育，才是最大的公平。因此，教育教学方法不仅应该根据不同的教育教学对象而有所不同，而且还应该根据不同的教育教学领域而有所不同；对学生的评价应该采取多方面、多形式，在多种不同的生活和学习情景中进行，并以此为依据选择和设计适宜的教学内容和教学方法，使评价确实成为促进每一个学生发展的有效手段和途径。[1]

孔子时代的教育方式主要是个别教育，一对一进行辅导或三五个人共同上课，教学以谈话为主，因为人数少，针对性强。孔子根据学生的不同文化基础、个人禀性、爱好兴趣，采取不同的教育，在多样化中挖掘学生的潜力，发挥学生的长处，在多样化中实现教育公平，取得了弟子三千，贤人七十二的辉煌教育成就。我们现在已是21世纪了，孔子时代教育上的许多问题已经不再困扰我们了，我们却忽略了因材施教这个必须牢牢把握的关键。现代教育的主要方式是班级授课，往往是采取大班教学，从幼儿园到大学都是如此，有的初高中一个班八十人，大学多门课程（甚至好些专业基础或专业课）大班上课的班额在一百个学生左右。但是我们目前教育现状是教学标准同一；初高中教学内容、教学方法、作业和考试内容统一，严重抹杀了学生的个性差异，并使优生"吃不饱"，后进生"吃不了"；更没有可供学生选择的余地，考试评价方式单一；也因为人数多，教师不可能真正了解学生，在具体施教过程中，只有实施无差异的教学，不可能注重学生的个性特点，最大限度地发挥其特长。这种标准化，整齐划一扼杀了个性，在均等中扭曲教育平等，在平庸中忽悠教育公平。"因材施教"要求我们在今后的课堂教学中，要根据学生的层次制定不同的教学目标，使用不同的教学方法，并尝试着给学生留不同的作业。至于考试评价制度，一方面是改革考试的内容，尽量考查学生多方面的智能；另一方面是改革考评的方式，将考试、平时记录、档案评价和作品展览等评价方式结合起来，综合考查学生的素质。

参考文献：

[1] 易佳:《孔子的教育公平思想及其当代价值》，硕士学位论文，中南大学,2007。

[2]《论语·雍也》，杨伯峻译注，中华书局，1980。

[3]《论语·述而》，杨伯峻译注，中华书局，1980。

[4]（宋）朱熹:《论语集注》，上海古籍出版社，1995，第189页。

[5]《论语·阳货》，杨伯峻译注，中华书局，1980。

[6] 杨树森:《试论孔子的素质教育思想》，《北方论丛》2001年第2期。

[7] 李帆:《教育公平需要政府"重点作为"》,《人民教育》2005年第23期，第71页。

[8]《论语·为政》，杨伯峻译注，中华书局，1980。

韩愈的教育思想及其当代价值

　　韩愈是唐代著名的文学家、思想家、政治家，也是教育家。韩愈的教育思想丰富而深刻，一直为后世所传颂，对我国教育具有深远的影响，对我国当代教育具有启发和借鉴意义。有关韩愈教育思想研究的不少学者，把韩愈的教育思想归纳为：实现"古道"的教育目的说；与其人性论观点相联系的教育作用说；尊师重道的"师说"以及在《进学解》里及其长期教育实践中概括出来的关于教学思想方面的理论，[1]并对此进行了不同的解读与评价，也有学者对其某些教育思想提出了质疑和批判性理解。笔者认为，无论何种教育思想都是在一定社会历史条件下产生和形成的，都会受到特定社会历史环境或条件的影响。韩愈的教育思想也一样，有其产生的历史根源和现实局限。我们对韩愈教育思想进行解读、认识和评价，就要有历史的、多角度的、全面的、客观而公正的态度和立场。概括说来，韩愈的"师道"之"道"值得进一步深入认识，有着十分全面和深刻的含义，它不仅仅只是儒道之"道"、先王之"道"；他的公正的、多样化的人才观和尊师重道的思想，以及以教育教化促进社会和平安定的观点值得推崇；他的"人的品级"论、狭隘的教育作用观、局限的教育目的与教育内容，则需要加以批判的接受。

一、师道之"道"内涵丰富，而不仅仅是儒道之"道"

　　"师者，所以传道、授业、解惑也"（韩愈《师说》），这是韩愈关于教师职责的经典论说，是其具有深远影响、流传至今的重要教育思想。现实实践中，人们通常把"师者，传道、授业、解惑"直接理解为"教师是用来传达道理、教授学业、解答疑惑的"。但在笔者看来,韩愈《师说》中的"师者"职责的含义,其实并不限于某种特定而明确的所指,其师者职责的"多义性"需要认真而深入地解读。于是,学界的不少学者对此问题进行了各抒己见的"深入"解读。有学者认为,"师者,所以'传道'"中的"道"即"先王之教",[2][3] "传道"就是传授儒家仁义道德思想;[4] 尤其基于"道之所存,师之所存也"(谁懂得先王之教,谁就/才可以做教师),认为在韩愈看来,教师向学生讲授儒家典籍,解答疑难,是为使学生会学"道"、悟"道",也就是说,教学或教育的最终目的是"道"——先王之教、儒家之道,[5] 古文六经也不过是载道的工具,授业是为传道服务的,传道是通过授业完成的。[6]

　　笔者认为,如果仅仅从韩愈一贯倡导"古道"——"先王之教",就习惯成自然地、不假思索地把韩愈所主张的教师职责之"师道"之"道"简单理解为先王"古道",教学的目的只在传授"古道",教学的内容只是围绕如何领会"古道",那么,这样的理解是极其狭隘和偏颇的,甚至是危险的。第一,韩愈是对后世有着深远影响的唐代杰出的思想家、教育家,他的教育思想是深刻的。我们对其专门论及教师的《师说》的解读和认识,不应太过简单、肤浅、片面甚至武断。因为仅凭韩愈倡导"古道"或主张师者"传道",于是就把"师道"之"道"简单理解为"古道"的如此解读,理由是不充分的。更何况,韩愈思想复杂,且往往思想、言论自相矛盾。[7] 因此,笔者认为,因为没有足够的依据可以表明"师道"之"道"即仅仅是指"古道",那么,我们就不能把韩愈所说的师者传道之"道"简单理解为"古道"。第二,凡事都有"道",这里的"道"就是指方式、路径、思想,也指需要讲方法、需要学习、需要他人指导。事实上,"师道"之"道",除了大自然的规律与法则、道理与原理,还包括思考与讲道理的方法,以及引导人讲良心、走正道;而"业"除了求得生存,即从事"七十二行"所需的技术与能力,还指学业知识及其理论体系;"惑",既有专业知识与技能上的疑难,更有人生历程中的困惑。[8] 可见,韩愈《师说》中所讲"师者,所以传道授业解惑"中的"传""授""解",不单纯是传达、灌输具体知识内容,其中还包含有进行方法指导之意。第三,在论及"教师是什么样的人"时,我们常常习惯于用"学高为师,身正为范"这样的字眼来表达,其中就包含着丰富的意义。按笔者的理解，教师作为教育者，其角色使命内在地要求教师应是全面发展的人。"学高为师，身正为师"就是要求教师"德艺双馨"，既要有深厚的专业理论知识、教育理论知识和较高的教学水平，还要有丰富的实践经历和较强的操作能力，更要有正确的政治立场、优秀的道德品质；要开展科学和教学研究、进行文化传承、创新并服务于社会。因此，教师在教育教学过程之中的传"道"是有着丰富内涵的复杂的"道"而不是简单的"古道"。如果仅仅懂得单纯意义上的"古道"，是失之偏颇的，也是不称职的。

教师是"教"人者，先自己会，然后才能教人，所以对于学生，教师是先学者，且是素质全面的人；教师是学生效仿的对象，所以必须政治思想正确，道德品质高尚，行得正。教师对学生"思想上引导，学业上辅导，生活上指导，心理上疏导"，这都是教师需要知道的"道"。因此，"师者，所以传道授业解惑也"应该理解为：教师的职责就是引导人思考，教人理解大自然与社会、人类的规律与法则，教人做人的道理，给人指明道路与努力的方向；传授知识及其理论体系和技能，以及教人通过学习体会，掌握与之相关的思维方法与技巧；帮助他人解决专业知识与技能上的疑难，指导他人面对人生历程中的困惑。[8]

二、教育教化是国家发展、民生安定的有效手段

韩愈所处的童年、少年、青年时期，由于高压统治，战乱与诸侯割据，国家破碎、人民流离失所。但从西汉武帝到贞观之治、开元之世，唐王朝政治安定、文化发达、技术进步，成为雄踞世界东方的"超级大国"，究其原因，独尊儒术的文化政策对维护封建统治起了不可低估的作用。两相比较之下，韩愈深刻体会到：国家的败落、秩序的瓦解，在于教育的失败、儒学地位被冲击，因此要重振国家纲纪，必须教育为先，高举儒学大旗。[9]他同情老百姓的疾苦，希望国家、政府更多地施以教化以息事宁人，而非暴力镇压以至于激发矛盾，这种思想政治教育的依托或读本便是儒学之道，即遵循儒家传统的修身、齐家、治国、平天下的入世原则，大力弘扬儒家仁义道德观念。[6]这种以教育教化促进国家、社会安定的思想主张，在当时具有特殊的

时代意义。但是，我们从历史发展的角度来看，这样的思想主张既有其鲜明的时代意义，也有其历史局限性。因为受到儒家"礼乐"和"仁义""德治"和"仁政"思想的深刻影响，面对中央集权削弱、藩镇割据、佛教泛滥的国家现状，韩愈主张中央集权，反对封建割据，要求采取一些缓和阶级矛盾的措施，减轻对人民的剥削，希望通过重教化、轻刑罚，以礼治国，[10] 也许是人们在当时条件下的不二选择。我们需要看到的是，韩愈主张教育教化之于国家发展、民生安定的重要意义的思想，是有其积极价值的。

三、以正确的人才观助力人才发现发展

客观公正的人才观是人才全面发展的不二选择。表现在三个方面：第一，知识与能力是人才的客观标准。韩愈定位教师的职责是"传道授业解惑"，把"道"作为衡量和选择教师的根本标准，而无论年龄大小和地位高低，他在《师说》中说，"师其'道'也"，"无贵无贱，无长无少，道之所存，师之所存也"，所以"圣人无常师"——学无常师，唯道是求，"教师交给学生打开知识宝库的金钥匙"；"闻道有先后，术业有专攻"——知者为师，教师也把自己的"先学先知"教给学生，不仅是知识，还有方法。这是一种客观公正的人才观，是值得称颂和借鉴的。

第二，多样化的人才呼唤多样化的人才观。学科分化、专业细化，社会分工、行业不同，就需要不同的人才；个人的基础、兴趣、个性不同，表现出来的能力、特长也不同，这就需要以多样化的人才观去发现人才并针对性地加以培养使用。韩愈认为靠科举考试是选不到真正的人才的，所以他反对科举制度，批判传统教育，提出"世有伯乐，然后有千里马"（韩愈《杂说四·马说》）的观点，这是一种多样化的人才观，是值得借鉴和推崇的。人才总是存在的，关键是你能否发现，如何判断，用在哪里，"伯乐"不同，看待人才的视角不同，使用、培养人才的方法也一定不同。选才的尺度、视角和标准单一，不利于不同人才脱颖而出，也不可能培养出多样化的人才。在信息化、网络化的今天，行业、专业分工更加细化，就更需要多样化的人才，也就要求人尽其才、个性发展、用人之长。特殊人才自有其特殊之处，也有

其特殊之用，需要特殊识别、特殊培养、特殊对待。发现人才是一种能力，应该不拘一格选拔人才。高等教育提倡个性发展、特长发展，这对于国家、社会就是全面发展，我们扩大招生和改革招生制度，就是创造条件发现人才，区别性地加以培养。如今，地方高校转型发展，就是面向地方、区域、行业企业，面向经济社会的不同需求培养人才，这是一种明智的选择，体现以多样化人才培养满足多样化社会需求。

第三，德艺双馨是为师的根本要求。不同的行业或不同的具体岗位，对人才有特殊的要求。为师之"道"应当包含一种主义、信仰和理想，因为教师承担的社会职责是离不开政治信仰和理想的，没有正确的政治信仰和教育理想、人生理想者不配为教师，这是教育者作为特殊行业、特殊职业的专业人才所不可或缺的，因为教师面对的是有思想、会思考、各不相同的活生生的人。教师对学生的影响是全方位的，所以我们还说"教师是灯，指明前方的路"，"教育是一朵云推动另一朵云"。

四、以正确的教育思想和行动促进社会公平与发展

（一）树立正确的人性观和教育作用观

韩愈把人性分为三个等级："上焉者善焉而已矣，中焉者可导而上下也，下焉者恶焉而已矣"，[3] 这是唯心主义的臆说，固化了阶层，否认了教育的普适作用，是严重错误的。这是明显的"教育有类"，与他尊崇的孔老先生的"有教无类"相矛盾，也与他自己的"唯才是举"、多样化的人才观相矛盾。韩愈对教育的作用的看法：对上品的人，"就学而愈明"；对中品的人，"可导而上下"；而对下等的人，"畏威而寡罪"。[3] 这也是极其狭隘和错误的，也是他思想复杂、自相矛盾的地方。事实上，在韩愈生活时代的科举考试就是例证——很多普通人，特别是下层人、穷人的孩子因为学习，接受教育，参加"国考"，吃上了"铁饭碗"，走上了管理国家的岗位。

人生来是平等的，不存在所谓等级之别。出身不同，不过是先天的物质条件和社会基础、接受教育的条件不同。如果人生来就有等级差别，并且是

不可改变的，那么，"下等"或暂时贫穷或落后的人，就会看不到希望而消极颓废，富人的后代也就不劳而获，坐享其成，结果也会导致弱势阶层对社会的不满而失去安定与和平。在帝国主义侵略的时候，我国广大人民处于水深火热之中，如果甘受欺凌，甘当亡国奴，就不会取得伟大胜利而屹立于东方；当然，不加快社会主义建设，走改革开放的道路，也不会有今天的发展壮大。

今天，我们能够充分理解，教育使人明智，教育具有强大的社会流动功能——社会成员通过教育的培养、筛选和提高，能够在不同的社会区域、社会层次、职业岗位、科层组织之间转换、调整和变动，以充分发挥其个性特长，展现其智慧才能，实现其人生抱负。[10]事实上，这种流动既可以是横向流动——互相间的变动，使他人进步；还可以是纵向流动——改变自己，做更好的自己，同时也促进社会进步、国家发展。在教育领域，我们采取"奖、助、贷、补、免"等一系列教育扶贫政策，实现大学招生向农村、偏远地区、少数民族地区倾斜，等等，使很多贫困学子、偏远地区学子圆了大学梦，学成之后，改变了自己和家庭的命运，担起了建设祖国的大任。正是对教育的重视，对人才的重视，我们的国家才有了更加快速的发展。

（二）科学选择合乎时代要求的教育内容

局限的教育目的决定局限的教育内容。韩愈提出了"明先王之教"的教育宗旨——"愈之志在古道……学所以为道"。所以，他认为学的任务是培养忠君的统治者、国家管理者，能够"修身齐家治国平天下"（韩愈《大学》）。他对人才的要求是：忠君、清政、兼理法、继传统。这是培养目标的标准化。[1]为此，他所指的"先王之教"，包括儒家经典、儒家宣扬的封建道德、封建社会的政治措施等。[11]用今天的话说，即包括德育、智育、政治教育。道德教育，包括仁义道德的整套儒家伦理；知识教育，包括《书》《易》《春秋》；政治教育，包括礼乐刑政，礼乐指思想文化、行为举止，刑政指政治法律，[12]如此而已。

可见，无论教育目的还是教育内容，韩愈的设计都具有时代的局限性，一是教育目的单一化、短期功利化；二是教育内容简单化；三是没有突出当时所需的生存教育，没有把教育作为劳动者的必需，或者说把受教育者排除在普通劳动者之外；四是没有终身教育的理念。事实上，古往今来、国内国际的教育理论和教育实践充分证明：教育倡导个性发展、特长发展，必须因材施教，教育目的不可单一化、标准化；教育为了人和社会的全面发展、可持续发展，不可短期功利化；无论什么时代，生存教育、技能教育都是教育的一部分重要内容，尤其在韩愈所处的尚不足以丰衣足食的当时；教育伴随人的一生，并且当社会发展到一定程度，学习将不再具有功利性，而是仅仅成为一种自我的需求，与之相应的教育内容就应不同。

（本文得到湖南文理学院刘春花教授的指导）

参考文献：

[1]《韩愈及其教育思想》，https://yuwen.chazidian.com/xiangxi-118981/？only_pc=1，访问时间：2018年8月28日。

[2] 王小琴、张小东：《韩愈"尊师重道"思想的内涵及其启示》，《阿坝师范高等专科学校学报》2013年第3期，第94~96页。

[3] 于潇：《韩愈教育哲学思想引论》，《沈阳师范大学学报（社会科学版）》2009年第5期，第70~72页。

[4] 高淳：《韩愈的教育思想及其对成人教育教师专业发展的启示》，《河北大学成人教育学院学报》2012年第4期，第19~23页。

[5] 阮彩霞：《浅析韩愈〈师说〉的教育思想及其现代价值》，《番禺职业技术学院学报》2007年第2期，第21~23页。

[6] 胡晓娟、于东红：《韩愈的教育思想及其对现代教育的启示》，《西北工业大学学报（社会科学版）》2005年第2期，第66~68页。

[7]《浅议韩愈〈师说〉中的教育思想》，http://www.qikan.com.cn，访问时间：2018年8月28日。

[8] 蔡明山、黎大志：《论教师的专业素质》，《武陵学刊》2012年第3期，第134~137页。

[9] 石伟、王石：《韩愈的"卫道"背景与实践》，《鞍山科技大学学报》2006年第2期，第205~208页。

[10] 许丽英、袁桂林:《教育效率的社会学分析》,《中国教育学刊》2006年第5期,第1~4页。

[11] 梁苑慧、周琼:《试论韩愈"以儒德治国"思想的形成与发展》,《兰台世界》2015年第9期,第1页。

[12] 蔡晨晨、张晓静:《韩愈教育思想对当代中小学道德教育的启示》,《现代教育科学·普教研究》2014年第4期,第19~21页。

链接:

教师是立教之本兴教之源

——三论学习贯彻习近平总书记致全国教师慰问信精神

"教师是立教之本、兴教之源。"习近平总书记在致全国教师慰问信中对教师在办好人民满意教育、实现民族复兴进程中的重要作用,作出了新的精辟论述。各级教育部门、各类学校和广大教师要认真学习、深刻领会,充分认识教师的崇高使命,促进教育公平、提高教育质量,努力办好人民满意的教育。

教育大计,教师为本。如果说教育是国家发展的基石,教师就是基石的奠基者,我国教育事业的长足发展、创新人才的不断涌现,同广大教师爱岗敬业、无私奉献是分不开的。教师是兴教之源,有一流的教师才有一流的教育,有一流的教育才有一流的人才。"大学者,非有大楼之谓也,有大师之谓也。"好学校、好教育的最重要标准,就是要有好教师。一所学校、一个地区乃至一个国家,如果教师有爱心、有学识、有高超的教育艺术,那么硬件设施即使有些简陋,家长、学生也会心向往之。促进教育内涵发展,提高教育质量,实现教育现代化,关键在教师。

教师是中国梦的奠基者。教师的重要使命,就是为每个孩子播种梦想、点燃梦想,并帮助他们实现梦想。每一间平凡的教室,每一节朴实的课堂,都不仅是知识的传递,更是人类文明精神的接续、人生梦想的起航。正是有亿万个孩子梦想的放飞、绽放,中国梦才更加光彩夺目。如果说中国梦最坚实的土壤是在学校，那么教师就是最伟大的"造梦师"，他们用默默无闻、孜孜不倦的智慧劳动，让每一颗年轻的心灵都与中国梦激情相拥。

教师是现代公民的培育者。教育的目的是"立人"，能不能培育出健康向上的未来合格公民，能不能培养出中国特色社会主义的建设者和接班人，取决于每位教师是否心中有"人"，取决于他们的工作质量。当前，我国经济社会迅速发展，国际地位大幅提升，人们的开放、民主、权利意识日益增强。时代呼唤有中国情怀、全球视野、责任担当、理性文明的新一代大国公民的诞生。教育时不我待，教师任重道远。如果每位教师都能自觉认识到自己肩负的时代使命，坚守理想，为国育才，那么中国的未来就会更光明。

教师是文明的传承者和创造者。"师者，所以传道授业解惑也。"教师的职责，不仅要在学业上释疑解惑、循循善诱，更要为学生指引人生方向；不仅要促进学生身体健康成长，更要关注并努力丰富他们的精神世界，使他们的精神生命也健康发展。只有广大教师努力成为有理想信念、纯洁精神的人，并乐于过问学生的精神生活，我们的教育才会更有内涵、更有品位、更有魅力。

强国必先强教，强教必先强师。教师是教育第一资源，把重视教育、关心教师作为自己的神圣职责，改善教师待遇，提升教师素质，大力弘扬尊师重教的良好风尚，使教师成为最受社会尊重的职业。广大教师要深刻认识自己的伟大职责，兢兢业业，诲人不倦，为实现中国梦添砖加瓦。

（《中国教育报》2013年9月13日，第1版，作者：《中国教育报》评论员）

论高等教育公平的共识

高等教育公平共识就是在高等教育领域有关公平的一致的观点、共同的认识，应当具有理论正当性和时代适切性。高等教育公平是一个高度开放的话题，其内涵多样而复杂，缺乏共识作为基础，就容易形成自说自话，或以诠释为借口，出现理论邪说，因此应当寻求高等教育公平共识，而且很多现实问题的存在也证明了寻求高等教育公平共识的必要性；事实上，寻求基本的高等教育公平共识也是可能的。高等教育公平共识以高等教育公共性和系统性理论为基础，高等教育公平的基本共识包括法治的共识、多样性的共识和选择的共识等方面。

一、为什么要有高等教育公平共识

（一）什么是高等教育公平共识

"共识是在一定的时代生活在一定的地理环境中的个人所共享的一系列信念、价值观念和规范"，"包括三个基本要素：一是共有的集体目标观念，二是对决策达成过程所共有的看法，三是对具体的公共政策的共同认同"。[1]51 "共识是社会目标、决策程序和具体政策三个基本维度上的'一致同意的状态'，这种状态的强度和范围会随时间而改变。其中，对共享目标的信奉既包含对象征性符号的，也包含对理论上的；对程序的信奉可以从极权的发展到民主的；与共享目标和程序保持一致的政策选择则会以各种方式在各种想象的竞争中发生变化。共识程度和强度取决于社会对共同规范信奉的程度和强度。一旦我们把共识概念当成一个复杂变量，与之相关的合法性、道德话语、稳定性等概念就都可以被用于发展一种共识理论。"[1]53依此，高等教育公平共识就是在高等教育领域有关公平的一致的观点、共同的认识。高等教育公平共识应具有理论的正当性和时代的适切性，可以用来针对性地解决高等教育中有关公平的现实问题。

首先是理论的正当性。正如科学技术的发展必须有助于增加人类福祉，改善人类生活，不得败坏风俗，破坏良善秩序。任何理论都必须有预设的正当性，有助于人类形成正面和积极的道德观念、良好的社会风尚、良善的社会/经济秩序，有助于良善文化的传承与进步。"大学之道，在明明德，在亲民，在止于至善。""学校教育在人的身心发展中起主导作用，因为学校教育具有较强的目的性、系统性、选择性、专门性和基础性"，"学校教育按社会对个体的基本要求对个体发展的方向与方面做出社会性规范，使个体社会化过程进入有意识状态。"[2]102同时，教育也具有满足一定社会需要的作用。"强调从社会的需要出发来规范教育活动，要求教育培养出一定社会准则的人，促进受教育者社会化，保证社会生活的稳定与延续。"[2]120高等教育系统属于社会大系统中的一个子系统，系统内善的积累或形成，会受社会系统善的影响，而一种良性的高等教育系统对社会系统的促进作用也是良性的，因此，高等教育公平共识应有助于提升大多数人的素质，实现和促进社会之善，促进民主、平等、自由、法制，促进社会矛盾的化解，促进国家富强和人民富裕。

其次是时代适切性。实践是人的本性，理论是为实践而构想，为了正确的行动而提出，应能契合国家实际，解决现实问题，确保行动的正确和正当，理论应是善的，行动也是善的，否则任何理论都可能沦为空想或言语政治。以行动为导向的高等教育公平共识，应置身于特定的历史或文化背景之中，既要从关系论的角度考虑国家利益的实现，也要从个体论的角度考虑个体利益的需要，国家与个人不是对立的，而是和谐一致的。例如，尽管我国重点大学政策体现了国家利益取向，强调为科教兴国和教育强国的战略目标服务，但在结果上也主要是创造更多更好的高等教育资源，为人民创造更多更好的受教育机会，培养更多优秀人才，创造更多社会财富，最终服务人民，表现形式主要是政府加大对高等教育的资助。不同历史时期产生的不同高等教育公平理论，在某种程度上反映了当时的高等教育问题，也反映了当时的政治、经济和文化问题，体现了政府在应对不同问题上的一种理论自觉。发达国家高等教育公平理论也通常因应时代问题而产生，或在解决公平问题中诞生。罗尔斯从正义的角度提出的公平理论，也是在西方发达资本主义国家经过长期发展之后的一种深刻反思，面对贫困阶层大量产生，而政府在解决贫困阶层的问题上相对乏力，从而暴露了资本主义的弊病后所诞生，旨在解救贫困阶层的问题，或者给予贫困阶层作为竞争弱势群体应有的利益关照。

（二）为什么应当有高等教育公平共识

公平是一个开放性话题。第一，在不同时代甚至在不同文化环境下会有不同理解，譬如在欧洲奴隶社会，贵族买卖奴隶，被认为是合理的而不违反公平，但在平等被普遍接受的年代，这样的做法显然就违反了基本的社会公平价值。第二，公平本身可以从多个角度理解，而含义有差异，如同样是分配公平，也有不同理解，无论是"给人应得"的公平，或是建立在补偿原则上的公平，理论旨趣和内涵都不一样。第三，对公平的不同理解会导致不同的行动，尤其是存在两面认识可能的现实问题。公平与效率在社会领域中，两者是不矛盾甚至是互补的，如自由特别是选择的自由，既是公平代表的价值又是效率代表的价值。第四，在不同的问题领域或社会领域，存在的公平问题及对公平的理解和要求也不相同，甚至可能在某个问题领域被认为是公平的，在另外一个问题领域就会被认为是不公平的。第五，公平作为一个开放性话题，不同学科得出的结论或许并不一样。我国长期存在的"公平与效率"之争，似乎就受到了经济学的影响。伦理学对公平的认识，很大程度上是一种道德或规则判断，而不是价值评判。罗尔斯的正义三原则，就主要是一种道德规则的判断。法学对公平的认识虽然主要是一种规则判断，但毋宁说是一种价值评判。譬如民法对公平原则的强调，就难以具体化为可操作的具体法律规则，而只能作为一个基本原则，在审判实践中依赖法官的良心加以判断。在社会学领域，对公平的判断通常从社会后果加以分析，而且所形成的公平与否的认识，又在很大程度上需要借助于伦理学的知识积累。教育学对公平的追求，则显得更为复杂，其中不但牵涉到社会系统对教育系统的公平，还涉及教育系统内部本身的公平。

任何一种理论意图倡导多样性观念首先就应该回答共识问题，否则就容易形成以文化相对主义为借口而将人类社会广泛实践的共识价值或共识理念拒之门外，因此，寻求共识而不是塑造对立或划分阵营，才符合现代社会的主流价值观。对立无助于多样性的培植，而只会对多样性价值造成破坏，因为缺乏协商与交流的后果必然是妥协或相互对话的缺乏，亦因此必然形成强者吃掉弱者的格局，文化多样性或思想多元化也会沦为空谈。[1]25 公平话题是高度开放的，其体现的内涵是多样而复杂的，寻求公平的共识就显得更为重要，因此需要以保障基本自由为前提，寻求共识。任何时候讨论公平都离不开具体问题，而在不同的社会系统中，对公平的定义和理解通常又并不一致。高等教育作为特殊性系统需要寻求与之相关的特殊的公平共识，例如，有些在社会系统中被视为不公平的观念，在高等教育系统中却是公平的，例如，选择的公平、承认差异甚至可以造就差异、用公共财政力量支持优秀者进一步发展、对弱势群体进行补偿，等等。

很多现实问题的存在也证明了寻求高等教育公平共识的必要性，如：（1）不同类型和层次高等教育的不公平对待问题之解决需要共识。高等教育类型不同并不意味着地位高下之别，而是性质不同或培养不同类型的人才之别，偏好一种高等教育类型而形成对其他类型的歧视，或政府、社会对不同类型高等教育持不同态度，是违反公平的。（2）高等教育多样性与选择相对缺失的问题之解决需要共识。（3）男女平等和天赋有限者适切性高等教育机会供给与保障不完善。譬如女性在男性主宰的学科领域中难以得到相应的话语权；社会后进者或天赋有限者接受高等教育的公平对待，不仅表现为城乡差距上，也表现在对残疾人、老人、文化水平相对落后者和专门知识或高深知识接受能力有限者的关怀上。这也是违反公平的全球性现象。

（三）为什么可能寻求到高等教育公平共识

从词源意义上理解公平为"不偏袒"，即使社会发生了深刻变化，这样的基本含义并未动摇或受到冲击，这也是公平共识的基础。不同学说流派或许表现形式、表达方式或理论体系不一致，但不会因为意识形态的差距而否定一些早已被人类共同接受的基本信仰，这就是共识。共识的达成或被普遍接受的社会根源或人性基础是：人在本质上是一样的，无论是对幸福生活的向往或对自由的追求，都有共同的人性基础。正因此，在各种理论流派中，有着对共识的不同表达，如共识、价值共识、道德共识、正义共识、重叠共识、政治共识等，就成了理论上希望寻求的共识类型。[1]6-7

公平本身的内涵在不断发展，公平的理论和学说体系在不断丰富完善，公平作为一种理念被社会广泛接受。公平共识存在，公平内涵的共识也存在。公平作为人类共同认同的价值目标存在着共识。不同制度形态、不同社会系统中，存在基本共识，如法治。实际上，在当下中国，法治共识的达成已经为克服国民性的不足提供了充足的理论和制度条件，为全球普遍接受的价值共识也已经深深嵌入各项法律制度中。对法治共识问题，也正是中国社会普遍接受的共识，是中国公民从同意转向共识的结果。

同样道理，高等教育公平共识也存在，为一个国家或者全人类共同接受的高等教育公平共识也存在。因为高等教育公平共识是普遍接受或同意的共识，而且是一种自然主义的共识，包括三方面含义：天理性的共识，如教育面前男女平等；自然演进的共识，即在不同历史阶段形成或不断改进完善的，如高等教育不是少数精英群体的特权；被广泛接受、与制度或意识形态无关的，如平等保障受教育机会。

二、高等教育公平共识的理论基础是什么

（一）高等教育公共性理论

公共性是高等教育的基本属性。首先，高等教育本身属于公共领域，高等教育组织作为一种公共组织存在于社会系统中，高等教育的教育目的与功能具有公共性；教育价值观具有公共性；教育成果与影响具有公共性；教育管理主体具有公共性。[3]33因为高等教育直接服务于学生学习并影响个人能力与发展、家庭状况，可以为个人带来合法、客观的利益；它可以左右学校、

社会及团体、社会文化的应有状态和国民经济的发展。[3]36大学传播什么，学生就学习什么，甚至包括政治系统的政府、经济系统的企业、社会系统的普通大众，他们都会跟着学习什么，这正是理论上所提出的高校的引领作用。其次，高等教育具有明确的公益性，"公共利益是教育这一公共性活动存在的根据，是对个人利益的超越，是公众对社会文明状态的一种愿望和需要，具有整体性和普遍性特点，即公共利益在主体上是整体的而不是局部的利益，在内容上是普遍的而不是特殊的利益"；并且，"教育作为一种公共活动，其公共利益和私人利益是辩证统一的。教育的公共利益存在于规范个体寻求其私人利益的努力之中，同时公共利益又可被用来为私人利益的追求提供基本的公共设施和普遍分享的价值。在此意义上，教育的公共利益又与私人利益处于紧密的关系之中"。[4]23在公益行为市场化的驱动下，高等教育的公共性受到了一定影响，产生了教育公共性危机，因此保障教育的公共性成为教育法律的职责。其三，公共性意味着高等教育对所有公民开放，体现公共占有与使用的特征，这也从另一个侧面指称了高等教育的开放性特征。公共领域是一个共同的空间，面向所有公民开放。从公平角度理解，就是面向所有国民平等开放，机会均等。由此，高等教育强调政府责任和政府的介入与干预，无论公办抑或民办。国家运用公共经费、社会资源举办、辅助、运作和管理高等教育，以确保高等教育功能的实现。因此，在西方私立高等教育发达的国家，政府对私立高等教育的资助是常态，也成为国家责任。其四，高等教育的公共性与公益性特性决定了其"共享"的本质要求。共享，强调该分享的应在合理的范围内共同享有。教育资源的公益性即公众受益的特性，这是教育资源最为集中的体现。教育是公益性事业，教育资源公益性的实现，是教育本质的根本体现，也是教育资源的核心价值所在。高等教育作为扩大社会公平的重要动力，实现人的向上发展，改善人民生活。高等教育应当以灵活、多样的形式实现正当程度的共享：可以是更多人享有，如扩大招生；可以是跨地区、跨层次共享，如重点大学教育资源为其他普通高校享有；可以是同层次共享，如区域资源校际共享，课程学分互认；也可以是高校与社会共享，如图书馆、实验室向社会开放；还包括高等教育资源"更加主动对接国家战略、社会需求"。[5]1

（二）高等教育系统论

高等教育系统是一个具有高度独立自主性、以知识为主要内容或活动方式的独特性组织，呈现一定程度的封闭性特征，其均衡状态的寻求或达致主要依赖于系统的自我调节。在个体意义上，高等教育系统主要作为一种学术组织存在，控制高深知识及其方法。"学科和专业研究领域的准院校性质是高等教育系统特性的一个显著和有特色的部分。"[6]6知识领域日益专门化的高深知识，构成高等教育系统独特和主要的特征。[6]11-16高等教育系统的主要工作就是围绕这些高深知识，因此，高等教育系统作为一种学术组织系统，是一种高度专业化的系统。[6]41高等院校作为系统区别于其他社会系统的独特性，在于它的无序状态——当然，这种无序状态并不是对规则的否认——不能形成由某一个权威来统治整个系统的集权状况——无论是学术的抑或行政的，理想的无序状态是"只有个人和团体各显神通的松散状态，彼此的矛盾都通过正式或半正式的渠道来协商解决"。[6]311基于这一组织特性，会形成一些自然权威，特别是伴随学术成长而形成的，其力量和势力非常强大，而且在学术伦理上和行业习俗上拥有强大的道德力量来表明行使他们所享有的控制力量的正当性与现实合理性，不同学派的存在以及围绕特定学术权威而成长起来的学科就是这种控制力量的表现形式。这正是造成高等教育系统中公平问题的主要原因，也是建立高等教育公平共识的重要立足点之一。

高等教育系统是一种与社会发生密切联系的开放性系统，仅靠系统本身不足以维持良好运行，需要借助外部的必要影响才得以维系，否则可能导致紊乱。每一个有机生命体本质上都是一个开放系统。[7]36开放系统自然是与外界相联系的。"一个国家的高等教育系统可以主要由学术权威担任协调，而不是通过国家官僚的命令或市场型的相互作用"。[6]156但是，学术权威的协调也容易走向垄断，其方式是通过参加中央各委员会和行会统治。[6]137伯顿·克拉克看到了国家权力和市场对高等教育系统的影响——他总结了一个国家权力、学术权力、市场呈三角形的协调模式，在这些不同国家的高等教育系统中，来自外部政治系统的影响各不一样，但有一点是共同的——学术精英或学术权威在高等教育系统内部总是通过各种方式产生作用，在集权国家，这种作用可能会削弱而导致行政权力的膨胀。因此，市场通常不是一种协调者的角色，其所产生的影响也被认为是不可靠和不良的。[6]161 高等教育承受外部系统的影响，在与社会系统发生相互作用的过程中，社会系统不同力量的渗透或来自高等教育系统内部权力的外扩性影响进而反过来影响系统内部，不但在高等教育系统为谋求公平而与社会系统产生不同的角力和要求，也在高等教育系统内部产生公平问题。前者以大学自治和学术自由以及对政府拨款的主张为表现；后者以高等教育内部在资源分配、机会获取和个人或不同群体的公平发展为表征。

三、哪些是应有的基本的高等教育公平共识

（一）法治的共识

法治是迄今为止最为成功并被广泛接受的一种国家、社会治理思想。法治是立法机关、社会组织，在充分调查的基础上，结合社会实际做出的选择，代表国家意志和人民意愿，保护正当权益。亚里士多德一直强调"法治优于人治"，因为"法律是有道德的和文明的生活不可缺少的一个条件，是导致文明的力量，因此，必须使法律成为国家道德观念的体现，成为理想国家本身的要素"。[8]13 西塞罗主张以法律保障平等在社会中的实现，因为"法律是正义与非正义事物之间的界限，法律能够保证正义"。[8]15 古典自由主义者洛克强调权力为人民谋幸福，且国家权力受法之约束，政府和人民应当积极执行和遵守法律。[8]30

法律即规则，任何规则一经成为法律，必受遵循；任何人在法律面前一律平等；官吏犯罪与民同等受罚。[9]3 于是，有关高等教育的法律规定就成为必须遵守的共识，包括国家法律规定和国际法公约体现的高等教育公平共识。如《世界人权宣言》《经济、社会与文化权利国际公约》《取缔教育歧视公约》等把受高等教育权作为人权共识，把受教育机会予以平等保障，否认任何歧视。如《世界人权宣言》第二十六（一）规定："人人都有受教育的权利。高等教育应根据成绩对一切人平等开放。"1982年《中华人民共和国宪法》第

十九条规定："国家举办各种学校，普及初等义务教育，发展中等教育、职业教育和高等教育，并且发展学前教育。"1995年《中华人民共和国教育法》第九条规定："中华人民共和国公民有受教育的权利和义务"，"公民不分民族、种族、性别、职业、财产状况、宗教信仰等，依法享有平等的受教育机会"；1998年《中华人民共和国高等教育法》第九条规定："公民依法享有接受高等教育的权利"，"国家采取措施，帮助少数民族学生和经济困难的学生接受高等教育"。可见，我国教育立法体系涉及高等教育公平共识的基本内容：一是国家有举办或资助高等教育、推动和促进高等教育公平的义务和责任；二是接受高等教育是公民应得并须给予平等保障的一种普遍人权。

（二）多样性的共识

多样性本身就是公平的体现，也对公平起积极的促进和保障作用，回避多样性可能带来民主、自由和公平等人类基本价值的缺失或动摇。高等教育多样性含义广泛，表现形式也多样化，这是民主的要求，更是自由的体现。

高等教育包容多样性的人群，包括不同文化和族群。群体或个体差异是一种基本事实，应该给予承认和尊重，"我们寻求一个这样的群体，在这里，不同文化和民族都被尊重和承认，而且每个独立的个体都有机会找到他自己的路"。[10]166作为培养人的机构，高等教育本身主要就是针对或迎合个体多样性的目标的，学生群体具有多样性，学生就有更多的机会接受不同的思想、观点和经验，这不但是对学生成长有利的高等教育质量的保障，也是保证大学生"消除彼此隔阂，结交更广泛朋友"的实践，[10]162在大学校园内的表现形式就是创造包容不同文化的环境，化解不同族群的矛盾，教会学生理解、尊重不同文明、不同文化和不同经历的学生。

高等学校作为组织具有多元主义特质，还意味着机构与个人差异的共生共荣，而不是对抗或死亡，亦非遵循丛林法则的弱肉强食，更不是模式化、趋同化，而是追求个性和保障个性自由。因此，保护多样性就是捍卫自由，应承认并保护弱者，使之正常和有体面地存在。高等教育各具特色而不是呆板地被纳入一个大而统的体系，就能最有效地体现公平精神。[6]292同时，高等学校是最主要的保障人类文明多样性的机构，或者说，在尊重、维护和促进人类文明多样性方面，大学负有不可推卸的责任。

多样性还意味着为学生提供不同的选择可能。对于以专门知识或高深知识为特征的高等教育组织，特色发展、多层次发展是公平实现的重要方式，这为不同类型的人包括社会后进者接受高等教育提供了机会。高等院校专业、课程、课外活动，也为学生提供多元化的选择。教师群体的多元组成本身也彰显了多样性，我们经常要求教师学缘广泛，高等教育国际化也要求学生结构国际化和教师结构国际化。[11]114-115

保证学生获得进步并确保教育质量的关键在于大学的多样性，在于让学生获得更多的经验，因为"丰富多样的教育经验有助于学生的学习，而多样性则是提供不同教育经验的关键因素"。[10]163这就要求倡导多元化课程、多元化教学的高等教育体系，并且，多元化课程体系应该克服以下问题：主流文化中心倾向明显的问题；性别文化角色刻板的问题；文化类型严重失衡的问题。[12]77

（三）选择的共识

人无不在社会生活和社会关系之中，必须有社会归属感，不可能离群索居、与世隔绝，而社会是一个开放的系统，每个人都面临不同选择，开放社会最重要的是为人类提供正当与合法的多种选择的可能性。当然，这里所说的选择，不是达尔文对自然的理解的"物竞天择，适者生存"，并且具有很大的区别。

高等教育系统中选择是一个处处可见的重大问题，国家对高等教育发展战略或政策的选择，高等学校类型定位或发展方向的选择、对人才培养目标的选择，教师职业发展的选择，学生对大学专业和课程甚至教师、校园文化生活、是否继续升学的选择，以及教师和学生间的相互选择，社会对高校的认同与选择等，都是值得深入思考的重大问题，并都关系到机构、个人的发展及公平。

选择的公平是高等教育公平的前提和基础。作为一个开放性组织，选择问题渗透在高等教育系统整个领域和各个环节，选择的自由是主要的自由。尽管高等教育作为专门化组织也充满自然选择意义上的遴选和淘汰，学校、专业、课程甚至教师选修制、学分认同制与积分制等，为学生的选择提供了充分的可能性。高等教育实施机构作为选择者，需要通过考试等方式鉴别学生的优劣，以判断学生是否适合学习，是否可能完成学业，是否可能成为潜在优秀生；学生作为接受高等教育的选择者，同样需要通过不同渠道获取不同高校的信息，以选择适合自己个性、兴趣和人生职业规划的院校与专业、课程，实现个人的人生梦想。两者任何一个方面，都难以离开信息的充分把握，这种选择也关系到高等院校和学生个体意义上的公平。正因此，与市场经济系统中强调对信息的绝对保密不同，高等教育中的选择强调信息的充分公开和相互了解。

高等教育公平选择须以良好机制做基础和保障。从选择的角度看，大学中的大多数机制都带有选择的功能，都应该有充分的公平性考量。考试就是一种高校选择学生、学生选择高校，以及教师和学生相互选择的公平机制，但是由谁来组织考试，却关涉到选择公平。大学内部的课程选修制度，也是一种公平的选择机制，足以满足学生个体公平的需要，还可以通过投票的方式来选择学校、课程和老师。大学内部就要建立科学合理的评价机制，为社会鉴别和选择学生提供良好的可能性，同时辅以社会评价，对大学及其毕业生进行识别和鉴定。

（本文得到朱同琴博士的深入指导）

参考文献：

[1] 王秀娜:《多元社会的共识理论研究》，博士学位论文，吉林大学，2013。

[2] 孙俊三:《教育原理》，中南大学出版社，2001。

[3] 余雅风:《构建高等教育公共性的法律保障机制》，高等教育出版社，2010。

[4] 张茂聪:《教育公共性及其保障》，博士学位论文，山东师范大学，2010。

[5] 张大良:《以五大发展新理念引领高校改革发展》，《中国高等教育》

2016年第3期。

　　[6]〔美〕伯顿·克拉克:《高等教育系统——学术组织的跨国研究》,王承绪等译,浙江大学出版社,1994。

　　[7]〔美〕冯·贝塔朗菲:《一般系统论:基础、发展和应用》,林康义等译,清华大学出版社,1987。

　　[8]王人博等:《法治论》,山东人民出版社,1989。

　　[9]〔英〕戴雪:《英宪精义》中文再版序言,雷宾南译,中国法制出版社,2001。

　　[10]〔美〕詹姆斯·杜德斯达:《21世纪的大学》,刘彤等译,北京大学出版社,2005。

　　[11]李盛兵:《大学国际化评价指标体系初探》,《华南师范大学学报(社会科学版)》2005年第12期。

　　[12]郑金洲:《多元文化教育》,天津教育出版社,2004。

第二部分 02

| 教育事件中的公平思想辨析 |

学术"近亲繁殖"的博弈论分析及其启示

我国大学教师来源于本校毕业生的比例普遍偏高，即所谓学术"近亲繁殖"，由此引发了诸多不利于学校健康发展的问题。许多学者针对这个问题进行了深入探讨，有些大学也已经采取相应的防范措施，如北京大学于2003年开始进行的人事制度改革，就明文规定不留本校应届毕业生。这场改革引起了广泛的讨论，存在很大的争议，也激起了更多人对有关学术"近亲繁殖"研究的兴趣。

学术"近亲繁殖"是一个尚无定论的命题，不同学者的实证研究得出了完全相对的结论。学术"近亲繁殖"受到大量批评的真实原因，并非"近亲"没有学术"繁殖"能力，或"繁殖"的后代一定不正常，而是高比例的"近亲"破坏了大学的学缘结构。人们痛恨"近亲繁殖"过程中的学术腐败和行政干预。这种现状是人性判断标准、人情世故、计划经济、行政思维等多重因素共同影响的人才引进的博弈结果。博弈论分析的结论显示，采取以下措施完善人才引进制度，有利于消减学术"近亲繁殖"的负面影响：明确具体要求，严格博弈的准入资格；公开招聘的全过程，压缩违规出牌的空间；完善退出机制，对局结果的定论延期。

一、学术"近亲繁殖"的概念

学术"近亲繁殖"衍生于大学教师学缘结构，即大学教师学历来源于毕业的学校以及所学的专业、类型、层次等构成状态，这种构成状态反映着学术思维的多样化程度，也在一定程度上预示着大学创新能力的强弱。近亲繁殖是个生物学概念，属于自然科学范畴，指近亲之间繁育的后代容易出现生物衰退现象，表现为生命体的质量不高，生产力、生活力、繁殖力、智力、免疫力等方面相对低下。有人把这一概念借用到社会科学中，认为学术研究也有类似情况：学术"近亲繁殖"也导致学术衰退以及研究人员学术水平一代不如一代的问题。"学术近亲繁殖"的英语单词是 academic inbreeding，又称 institutional inbreeding 或 faculty inbreeding，主要是指选留本校毕业生任教（通常是讲师）。德国是最早在大学中采取措施限制学生留本校任教授的国家，德语中相应的词汇是 Hausberfung，这个词由两部分合成而来，即"Haus"和"Berfung"。前者的通常含义是"房屋""家庭""住所"，这里借指"在同一个屋檐下"；后者是"任命"，这里特指对教授的任命。[1]对于学术"近亲繁殖"的范围又有不同的界定，最典型的是本科、硕士、博士三个阶段的学历都在一所学校完成，然后又直接在母校任教；另一种情况是部分学历在后来工作的学校完成，但中途在其他学校学习过，或工作过。后者又分为两种情形，一种是完成最高学历后留校工作（担任老师）；另一种是完成最高学历后，先到别处就业，再返回母校担任老师。后者被称作"衣锦还乡者"（silver-corded faculty），一般不被归属于"近亲繁殖"。学术"近亲繁殖率"，是指大学毕业于本校的专任教师的总人数占该校专任教师总人数的比例，是测度学缘结构优化程度的关键指标。[2]与学术"近亲繁殖"相对的观念是学术"异缘杂交"，被认为是解决高校学缘结构优化的核心理念，其首推举措是不直接留任本校毕业生任教，目的是斩断"近亲繁殖"之根，招纳"异缘人才"，构建多元文化交融、多学科交叉糅合、多视角思维互补、多途径理论实践的开放性学术文化，促进学术争鸣与合作，最终实现学术创新。

二、学术"近亲繁殖"命题的真伪之辩

在自然生态中，近亲繁殖会严重影响到生物的进化，导致一代不如一代，是一种生物进化的逆淘汰。在学术界是否也存在类似的情况，却是一个由来已久的争议论题。正反双方都能罗列支持本方观点的大量例证，也能进行长篇深入而广泛的学理分析。

　　支持学术界也存在"近亲繁殖"效应的学者认为，相似的学缘结构必定导致大学学术的衰退，因为同事之间接受的教育相同或相似，没有宽广的眼界，没有多元的文化，很难产生交叉文化碰撞而迸发的创新思维火花，而且师生同校，甚至祖孙同校，学术晚辈，很难有所作为。20世纪30年代起，美国就有大批学者进行了相关的实证研究，如瑞夫斯（Floyd W. Reeves）、埃尔斯（Walter Crosby Eells）、克里夫兰（Austin Carl Cleveland）等人的研究，通过对"近亲"和"非近亲"教员的职业发展进行对比性分析，他们获得了基本一致的结论，即"近亲"明显比"非近亲"的教员在经济报酬和专业发展上要迟缓，对于"非近亲"教师而言，他们的学术发展、学术产出和外部认可可能性远大于"近亲"教员。[3] 又如哈根斯（Lowell L. Hargens，1973）等人则在更全面考虑到其他变量，如被聘用者所在机构的声望、博士学位获得年度，特别是"近亲繁殖"更为复杂的分类（包括完全的"近亲繁殖者"和在毕业后去其他机构工作后的回归者）等基础上，对近亲繁殖现象产生的机制及其效应予以更为精致的研究，他们的结论是：首先，"近亲繁殖"现象的确反映了一种特殊主义（particularism）和乡土主义（parochialism）取向，尤其是在那些培养众多博士的知名大学中；其次，"近亲"教员不仅在知名大学中的产出低于"非近亲"教员，而且在那些较一般的大学中，他们的表现也并不比"非近亲"教员好。[4] 正如汉德钦在《科学》上发表《美国大学讲师近亲繁殖》一文所说，虽然无法证实学术界"近亲繁殖"的效果，但从动物和植物近亲繁殖上可获得如下启示：学术"近亲繁殖"会束缚学生的思想和视野，如果学生并未接受很好的学术训练，则这种危害更大。[5]

　　但也有研究表明，留校任教者的学术成果并不劣于外来者，即"近亲繁殖者"的学术成果并不见得比"衣锦还乡者"和"异缘杂交者"差，甚至更加优秀。他们认为，根本就不能套用自然界的近亲繁殖概念，因为社会科学与自然科学有着本质的区别。如美国学者麦基（Reece McGee）在1960年的研究中就发现了一个有趣的现象：在部分为大学所能够自我支配的领域，如学术产出和资助，"近亲"比"非近亲"的学术产出要低得多，"近亲"获得的研究资助比"非近亲"的要低得多；然而，在完全不为大学所支配（外部控制）的领域，如在学术社团身份和职位、在全国性参考文献作者排名，两个群体间反而是"近亲"略为占优，更值得关注的是，在具有博士学位的低级别教师群体中，无论是在著作论文综述，还是其他方面的成果数量上，"近亲"比"非近亲"表现出明显的优势。[6]有人认为，单从学术研究的角度考虑，不必刻意避讳"近亲繁殖"，相反，在一定程度上学术研究倒需要在"近亲"中展开。梁建洪（2013年）以经济学家为例反证了近亲繁殖的优势，比如，詹姆士·穆勒和其儿子约翰·穆勒，奥古斯特·瓦尔拉斯和儿子里昂·瓦尔拉斯，卡尔·门格尔和儿子小卡尔·门格尔，约翰·贝茨·克拉克和儿子约翰·莫里斯·克拉克，约翰·内维尔·凯恩斯和儿子约翰·梅内姆·凯恩斯，这些著名经济学家不仅出自近亲繁殖，甚至出自嫡亲繁殖；又如师徒之间的近亲繁殖或嫡亲繁殖，代表有奥地利学派，从其创始人卡尔·门格尔开始，著名的后继者是他的学生庞巴维克和维塞尔，之后是他学生的学生米塞斯，再之后是他学生的学生的学生哈耶克。像奥地利学派这样的经济学派得益于学术"近亲繁殖"是毫无疑问的，如果没有师徒之间的薪火相传和发扬光大，很难想象这个学派能有经济思想史上的学术地位。在学理论证上，反方认为，从库恩的范式定义出发，"近亲繁殖"比"异缘杂交"至少具有以下两个方面的优势：第一，"近亲"学术团队更接近科学范式的基本条件，有利于常规科学研究；第二，其他范式研究人员的进入，难以在既有范式的学术团队做出实质性科学贡献。[7]

确实，如果抛开行政腐败、管理腐败等学术外因素，只从学术发展的内在规律上求证，很难找到充分的理论依据证明学术"近亲繁殖"命题的真实性，同时在实证研究中也很难得出令人信服的结论。反过来，更难证明不存在学术"近亲繁殖"的危害性，即使能够找出个别案例表明学术薪火相传的优越性，也无法证实留校任教更有利于学术繁荣与发展。一个既难证实，又难证伪的命题，却引起如此广泛而热烈的探讨和争论，并且被越来越多的大学所重视和关注。也许，跳出"近亲"是否有繁殖能力及繁殖的后代是否正常的纠结，换一个角度思考，能够得到更加清晰的认识，用博弈论的方法分析学术"近亲繁殖"，就是一个很有意义的思路。

三、学术"近亲繁殖"的博弈论分析

学术"近亲繁殖"的命题真伪尚未辨明，其危害更难证实，但各大世界名校都在小心应对毕业生留校问题，都在警惕学术"近亲繁殖"，国内学者和大学也在积极探索和实践"近亲繁殖"的防范制度。两个事实足以证明国人的担忧并非多余，一是中国人民大学顾海兵等学者对23所知名高校的财经类院系专职教师来源的调查结果显示：17所内地高校接受调查的987名教师中，604人在最高学历毕业后，直接在母校任教，占所有教师的62%，其中南开大学经济学院为80%。而海外著名高校极少留本校毕业生当教师，比如，芝加哥大学经济学院86%的教师从未在本校就读；哈佛大学经济学院47名教师中，只有1人最高学历学校是本校。[8]另一个事实是，中国大学的学术成果投入－产出比明显低于世界名牌大学。与国外名校相比，国内大学的毕业生留校工作受到矛盾式的人性假设、家族主义等传统文化影响，以及计划经济思维模式的作用，负面影响更加突出。钱穆认为，家族是中国文化一个最主要的柱石，几乎可以说中国文化全部都从家族观念上筑起。[9]在中国家族式传统文化的影响下，大学管理难免深深地刻上传统文化的烙印，教师从本校毕业生中留任便是家庭式传统文化的必然产物。另外，我国经历了相当长的计划经济时期，毕业生的就业完全由国家统招统分，本校毕业生择优留校任教是这一政策的必然结果。

当人性判断标准、人情世故、计划经济、行政思维等多重因素一齐掺杂其中时，毕业生留校任教就不只是学术能否"近亲繁殖"，"近亲"能否繁殖优良后代的问题，而是一个多重博弈的复杂活动了。业已形成的高"近亲繁殖率"是博弈的结果，现在强烈呼吁反对"近亲繁殖"也是博弈的需要。在招聘学校之间、求职者之间、招聘方与应聘者之间，存在多重博弈，前两者的博弈心理、博弈行为与毕业生留校任教关系密切，因此本文重点对这两种情况进行博弈论分析。作为招聘方的学校和导师选择博弈策略的主要影响因素有：新教师的学术发展潜力、学术交叉优势、对学术团体的忠诚度、学校毕业生就业压力的缓解、学校识别人才的风险。在这五个主要影响因素中，新教师的原有学术基础和学术发展潜力不受"近亲繁殖"或"异缘杂交"的影响，至少没有明显影响；在学术交叉优势方面，"异缘杂交"者接受了不同文化的熏陶和不同思维方式的训练，接触了不同的知识和观点，占优势；学术团体忠诚度方面，"近亲繁殖者"占优势，他们是本校毕业生，今天的同事是昔日的老师，甚至是感情深厚的恩师，长期的学习不仅培养了深厚的个人感情，对学术共同体从事的科学研究也更容易达成共识；接纳本校毕业生工作，肯定有利于减轻本校学生的就业压力；对自己的学生知根知底，在人才识别方面把握更大，风险更小。具体得益见表1：

表1　招聘方在招聘博弈中的得益分析表

影响因素	近亲繁殖	异缘杂交	博弈局中人
发展潜力	0	0	大学或导师
交叉优势	–	+	大学或导师
团体忠诚	+	–	大学或导师
缓解就业压力	+	–	大学或导师
人才识别风险	+	–	大学或导师

表中"+"表示优势，"-"表示劣势，"0"表示没有明显的优势或劣势。为了便于计算，暂且撇开各种机会与风险的概率计算，令各影响因素的权重平均为"1"，一个"+"为"1"，一个"-"为"-1"，各项相加的得数为局中人在博弈中的支付值（或称得益）。其博弈模型如图1：

图1　招聘方的博弈模型

		甲招聘方	
		近亲繁殖	异缘杂交
乙招聘方	近亲繁殖	3 3	–2 +3
	异缘杂交	3 –2	–2 –2

学生选择博弈策略的主要影响因素有：学术交叉优势、就业机会、发展空间（要考虑学术前辈的阴影）、发展平台（包括人脉资源）、待遇风险。在

五个因素中，"异缘杂交"者具有学术交叉的优势，也很少有老师的阴影，在超越学术前辈方面，心理压力和人情阻力较小，发展空间较大；"近亲繁殖"者在发展平台方面有优势，更便于获得老师的支持和关心，也容易融入学术共同体；在中国的人情社会，在导师的支持下更容易在母校获得就业机会，如果到一所陌生的大学，因为没有关系，获得就业的机会就要小得多；在待遇方面，招聘单位在广告上开出的承诺不一定能够兑现，而那些模棱两可的条款让人琢磨不透，如果是自己的母校，就比较熟悉，并且能够从老师、学长那里获得更加详细的信息，待遇风险较小，但如果到陌生学校，风险就大多了。如表2：

表2　应聘者在求职博弈中的得益分析表

影响因素	近亲繁殖	异缘杂交	博弈局中人
交叉优势	－	＋	应聘毕业生
发展空间	－	＋	应聘毕业生
发展平台	＋	－	应聘毕业生
就业机会	＋	－	应聘毕业生
待遇风险	＋	－	应聘毕业生

应聘者（求职的毕业生）的博弈模型如图2：

图2　应聘者的博弈模型

		甲求职者	
		近亲繁殖	异缘杂交
乙求职者	近亲繁殖	1　　　1 +1	1　　　－1
	异缘杂交	1　　　1 －1	－1　　　－1

从以上分析可以看出，在家族文化、性善－性恶双重标准人性论、计划经济思维、区域文化排他障碍、行政权力泛化等多重因素的共同作用下，不管是招聘方还是求职者，为了获取自己最大的得益，都会采取博弈策略组合

（近亲繁殖，近亲繁殖），从而导致我国大学教师的高"近亲繁殖率"。另外，由于缺乏一种对制度和规章的敬畏之心，即使大学建立了学术"近亲繁殖"的防范制度，也不会认真贯彻执行，总有为数不少的一批人首先想到的是如何寻找制度的漏洞，而以不受制度约束、拥有特权为荣。德国的"留校任教禁止"原则中的"有理由例外情况"不会造成人才引进时的混乱，没有出现高"近亲繁殖率"，但在中国，"有理由例外情况"往往会成为制度执行的硬伤，"例外情况"将会很多，这也是国内大学防范学术"近亲繁殖"时，通常采用"一刀切"的一个重要原因，正如张维迎教授在北大进行人事制度改革的一句感叹"这也是不得已而为之"。如果在选择人才引进的博弈策略时，考虑到太多无关学术和人才的外生变量，那么选择的结果必定会偏离人才引进的初衷，已经超乎学术"近亲繁殖"与"异缘杂交"孰优孰劣的议题。如果去除这些外生变量，单就学术发展的角度来选择博弈策略，结论将会反转。

四、博弈思维在高校人才引进制度中的灵活运用

虽然多大程度的学术"近亲繁殖"会有损学术发展，并无定论，但无需论证，只按常理思考就能明白，教师学缘结构中的高比例"近亲繁殖"肯定会打破学缘结构的平衡，不利于学术眼界的开阔，不利于不同观点和思维的交叉融合，不利于多元文化建设，容易形成相对封闭、单一的学缘结构和比较沉闷的学术氛围，当然也不利于学术发展和学术创新，而且还会滋生学术腐败和行政腐败。正因为如此，1999年，教育部提出高校学缘结构优化规范性标准："十五"期间全国高校教师队伍在校外完成某一级学历（学位）教育，或在校内完成其他学科学历（学位）教育的教师，应占教师队伍总人数的70%以上。纵观世界名校，几乎都主张"异缘杂交"，而反对"近亲繁殖"。如前所述，我国大学高比例的学术"近亲繁殖"是受多种外生变量影响的博弈结果，与学术发展的直接关系不大。在引进人才，加强师资队伍建设的过程中，博弈行为、博弈心理不可避免，也没有必要回避，而应该根据人们在博弈中的心理规律，进行正确引导，发挥博弈的积极作用。结构良好的游戏规则能够敦促参与者按规则出牌，合理的制度有利于培养人们的自觉性，引

导人们走向自觉。[10]

（一）明确具体要求，严格博弈的准入资格

如果对需要的人才有明确具体的规定，只要按照严格的标准，符合要求，引进的是货真价实的人才，具备学术"繁殖能力"，那么，不管是"近亲"，还是"异缘"，不管是留本校的毕业生，还是引进外校的毕业生，在学缘结构合理的前提下，对学术发展的影响不会产生很大的差别。要注意的是，不要因为学术腐败、行政干预，将不合适的人引进来了，而真正需要的人才却被无情地拒之门外。对岗位要求作出明确具体的要求，包括学历、职称、学术成就、教学能力、社会反响等构成要素一一明示，还应根据学缘结构的需要，对应聘者的毕业学校给予相应的限制，给所有应聘者确定准入资格，致使每一个有资格参与博弈的局中人都具备岗位的基本要求，再在此基础上进行筛选。对于"有理由的例外者"，也要像德国的大学一样，对"理由"和"例外"作出明确规定，比如，来自本校应聘者已被别的知名大学录用，证明其综合素养获得了学术同行的认可，本校岗位没有招到合适的外来人才，且学缘结构允许，方能聘任。不仅如此，甄选人才的评委的准入资格也应严格限制，因为只有伯乐能识千里马。如果评委能力有限，或者人品不佳，就会出现无意的识才有误，或者有意的学术腐败和行政腐败，没有选取合适的人选，就会出现包括高比例的学术"近亲繁殖"的不良后果。对评委的学术水平、人品声誉作出严格要求，并规定外来评委的比例，既能保障评委队伍的识才、选才能力，又能保障录用人才的公正性。经过筛选的参与人在博弈中更能遵守游戏规则。

（二）公开招聘的全过程，压缩违规出牌的空间

人们痛恨的并不一定是学术"近亲"，而是学术腐败，是人才引进过程中的暗箱操作、违规出牌。要减少这类现象，就应该更加公开透明，减少博弈中的囚徒困境，压缩博弈中违规出牌的空间。比如，欧美名牌大学招聘人才时，面向世界范围，招聘之前在发行量大的刊物和影响面广的网页上广而告之，并且预留充足的时间，以便大量符合基本要求的求职者获得消息，而不

是像国内某些高校招聘人才时只在小范围内仓促公布消息,让人一看就觉得已经内定人选,不必浪费时间、精力来陪衬,采取拒绝游戏的博弈策略。招聘过程公开,招聘结果公示,接受内外人员的多维监督。这样,就算评委和应聘者中有人心存侥幸准备进行暗箱操作和违规出牌,也慑于强大的监督力量而不敢冒险。

(三)完善退出机制,对局结果的定论延期

如果人才招聘只是一锤定音的单次博弈,即使严格博弈准入资格,公开博弈全程,仍然难以保证招聘的质量。如果改单次博弈为重复博弈,改一次决定结果为延期决定对局结论,则能增强结论的长效性。对新进人员给予一定的试用期进行观察,符合要求者正式录用,对不符合要求者,不管是"近亲",还是"异缘",都要有相应的退出机制。随着事业单位聘任制的推广,高校教师的"铁饭碗"正被逐步打破,即使对于事业编制员工的辞退有困难,至少可以采用转换岗位或降低待遇进行调整。这种延期定论,虽然给招聘方和应聘者增添了一些麻烦,但肯定有利于阻止浑水摸鱼者的侥幸得逞。

总而言之,引进人才不必纠结于"近亲繁殖"还是"异缘杂交",应唯才是举,"举贤"不必"避亲"。如果痛恨招聘过程中的学术腐败和行政干预,则可以通过完善制度的途径规范参与人的博弈行为。

(本文得到湖南文理学院李宝斌博士、教授的深入指导)

参考文献:

[1]叶菊艳:《美国研究型大学学术"近亲繁殖"防范制度的演变及其启示》,《北京大学教育评论》2010年第1期,第125~129页。

[2]吴丹英:《高校教师的学缘结构与逻辑终点》,《教育评论》2013年第3期,第60~62页。

[3] Jean C. Wyer, Clifton F. Conrad, "Institutional Inbreeding Reexamined," *American Educational Research Journal*, 1984, pp. 21-30.

[4] Lowell L. Hargens, Grant M. Farr, "An Examination of Recent

Hypotheses about Institutional Inbreeding," *The American Journal of Sociology*, No.6, 1973, pp. 78-85.

［5］Charles Hart Handschin, "Inbreeding in the Instructional Corps of American Colleges and Universities," *Science*, *New Series*, No.829, 1910, pp. 707-709.

［6］Reece McGee, "The Function of Institutional Inbreeding," *The American Journal of Sociology*, No.5, 1960, pp. 65-75.

［7］梁建洪:《高校学术近亲繁殖的范式理论解读——以经济学家为例》,《江苏高教》2013年第2期, 第6~9页。

［8］陈红:《近亲繁殖与学术创新初探》,《辽宁行政学院学报》2008年第12期, 第147~148页。

［9］钱穆:《中国文化史导论》, 商务印书馆, 1994。

［10］李宝斌、许晓东:《高校教师评价中的博弈分析及正能量激发》,《湖南师范大学教育科学学报》2013年第6期, 第81~85页。

高校教师职称晋升与专业发展的辩证关系

高校的工作效率经常被社会所诟病，为了回应社会的批评，更是出于自身发展的考虑，国内高校都在加强人事制度的改革，强调定岗定编的全面实施。所谓定岗定编，是指设计组织中承担具体工作的岗位，并确定从事各个具体岗位所需要的人数及其相应的素质要求。定岗定编是组织管理的一项基础性工作，它通过员工能力和数量的科学配备，落实工作任务，实现组织目标。它关注数量与素质两个维度，在高校，衡量教师素质最主要的两个硬性指标是学历和职称，前者作为新聘教师的入职门槛，后者的评定，则是对在岗教师阶段性工作绩效的综合性评价。这种出于精简机构、提高效率的定岗定编、定职称比例的举措，是否真能如愿以偿，既提高学校的综合效益，又能促进高校教师的专业发展呢？恐怕值得商榷。

高等学校在进行定岗定编的人事制度改革中，教师的职称晋升比例控制得非常严格，低职称教师的晋升之阶日显狭窄。虽然这样做有利于提高高职称的含金量，促使高校教师在职称晋升的过程中更加努力和刻苦，更加勤勉地提高自己的教师专业。但是，当教师感到晋升无望时，就会失去信心，"拒绝游戏"，于是限制晋升比例就会成为教师专业发展的阻力。如果改变思路，变严格限制高校教师的职称晋升比例为确定合理的职称评定标准，并且构建开放性的人才流动市场，则能有效化解两难困境，促进高校教师专业的健康发展。

一、职称晋升：高校教师专业发展的最强外部诱因

诱因（incentive），是指驱使有机体产生一定行为的外部因素。与它相对应的概念是内驱力。内驱力和诱因都是形成动机的因素。存在于机体内部的动机因素是内驱力，存在于机体外部的动机因素是诱因。[1] 高校教师内心对职业的忠诚，对专业的追求，对事业的热爱，是教师专业发展的内驱力；外部的物质刺激和精神激励，是教师专业发展的诱因。20世纪50年代以后，许多心理学家认为，不能用驱力降低的动机理论来解释所有的行为，外部刺激（诱因）在唤起行为时也起到重要的作用，外部诱因和内部驱力相互作用才有利于动机的激发。[2]

（一）高校教师专业发展的物质刺激

引起动机的内在条件是需要，引起动机的外在条件是诱因。衣食住行是个体生存的基本需要，不管是马斯洛的"生理需要"，还是赫茨伯格的"保健因素"，还是奥尔德弗的"生存需要"，无一例外地强调这些基本需要对个体生存和发展的重要性。在高校教师专业发展中，这些基本需要也是关注的重点。与这些基本需要相对应的诱因主要包括住房和汽车，转化为货币表现形式则是工资和奖金。事实上，教师求职时关注的重要待遇是工资、福利和奖金，招聘单位吸引人才的亮点也包括这些诱因，高校稳定现有教师队伍的重要条件仍然强调这些诱因。高校教师专业发展，必定有一定的物质基础，离开物质基础谈专业发展无异于空中楼阁、海市蜃楼。只有满足低层次的物质需要之后，才能追求更高层次的精神目标。只有生活上无后顾之忧，高校教师才会安心追求专业发展；丰富的物质刺激，有利于激励高校教师积极发展教师专业。

（二）高校教师专业发展的精神激励

高校教师是高学历群体，整体文化素质高，其需要也不会满足于物质条件，还有更高层面的精神需要。高校教师对各类荣誉称号、学术头衔、学生和同行的尊重，普遍比较重视，认为这些精神层面的成果是其实现自我价值

的重要内容。精神激励是对专业发展的肯定，有利于进一步的专业发展，专业发展又是为了满足更强的精神需求，两者相辅相成，互为因果。马斯洛需要层次的"自我实现的需要"、赫茨伯格的"激励因素"、奥尔德弗的"成长需要"，都是高层次的精神需要，高校教师在对这些精神目标的追求过程中实现自己的专业发展。

（三）职称晋升是高校教师专业发展中两类诱因的高度结合

促进高校教师专业发展的外部诱因既有物质层面的，也有精神层面的。而职称的晋升能够有效地满足两个不同层面的需要，兼具两种诱因的激励作用。高校教师的工资、福利和奖金都与职称挂钩，职称提高了，收入也随之提高；职称提高了，学术地位、社会地位也随之提高。也就是说，随着职称的晋升，高校教师在物质方面和精神方面的需要能够得到更好的满足，职称的晋升是高校教师专业发展过程中两类诱因的高度结合，对教师专业发展起着举足轻重的作用。

二、严格限制职称晋升比例：高校教师专业发展的双刃剑

正因为职称晋升与高校教师专业发展息息相关，因此，必须审慎对待职称评定标准和职称晋升比例。

（一）相关定岗定编政策和规定对高校教师职称晋升的挤压

国内关于高校教师高、中、初级的比例有一系列的规章制度和实施意见，比如，我国2006年起实施的《〈事业单位岗位设置管理试行办法〉实施意见》规定："专业技术高级、中级、初级岗位之间的结构比例全国总体控制目标为1∶3∶6。专业技术高级、中级、初级岗位之间，以及高级、中级、初级岗位内部不同等级岗位之间的结构比例，根据地区经济、社会事业发展水平和行业特点，以及事业单位的功能、规格、隶属关系和专业技术水平，实行不同的结构比例控制。"[3]2011年实施的《湖南省事业单位岗位设置管理工作有

关问题的处理意见》规定，"全省专业技术岗位高、中、初级结构比例总体控制目标确定为1∶3∶6"。[4]2012年5月，湖南省进行了2011年度高校（正高、副高）职称的省级评审，以2011年完成定岗定编为前提，各高校对照《湖南省高校教师系列专业技术职务评审细则（试行）》（2011年12月22日公布），进行校内评审，再按定岗定编后"空余"的正高、副高职位数等额对岗推荐申报，省人力资源和社会保障厅与教育厅共同组织专家评审，又以申报人数的正高45%、副高65%比例通过任职资格。没有完成定岗定编的高校，教师没有参评资格——无论优秀与否，无论实际上该校正高、副高"缺编"与否。

2010年全国直属高校专任教师职称比例：正高24%，副高34%，中级36%。[5]实际上，这个高级（正高＋副高58%）远远超过了10%的国家比例设定。由此，一些年来，在直属高校，由于没有"空位"，很多优秀的、年轻的博士讲师和副教授等待了很多年也没有晋升副教授、教授职称的机会，今后很长的一段时间也将如此。

2009年，全国普通高校正高级专任教师年龄比例：41—45岁25.07%，46—50岁26.75%，51—55岁21.53%，56—60岁11.15%，61岁及以上8.88%。[5]由此可见，41—55岁、年富力强的教授占73.35%，而56—60岁、占11.15%的教授们也大多身体健壮、教学与研究能力非常强，其中很多还是博导级的，他们有足够的知识与能力可以继续奉献，事实上，他们中的很多也是终身教授。可见，"让出位子"是何等的不容易。

（二）严格控制职称晋升比例对高校教师专业发展的积极作用

"大学最重要的使命是人才培养，尤其是本科生的培养，这是大学与科研院所相比最大的不同之处"，"大学不是官场，也不是企业。大学就是大学，是一个学术共同体，教授是大学的主体，没有教授，就没有大学，'教授就是大学'"，"教授除了具有较高的思想政治素质，更要有较高的学术造诣。大学是传授知识和创造知识的地方，大学教师最基本的入行条件就是要有相当的学术造诣"。[6]实实在在的专业技术职务能够充分衡量教师专业技术水平、教学能力，不应该忽视教授在教育中的潜性作用，因为对于学生的全面发展，其影响是终身的。"教授是大学精神、大学文化传统的主要塑造者和弘扬者。

教授是大学教育教学水平和质量的尺度。大学之所以成为好大学是因为有好教授，好大学和好教授才能吸引好学生。教授是对大学生的人品学品最具影响的群体。""好的教授，不会止于拿薪干活，他们是把研究学术、培养学生作为天职的。好的教授，不会停留在功成名就上，他们是把攀登一个又一个学术高峰作为生活状态的。"[7]

教授、副教授对于大学意义如此重大，严格控制高职称的晋升比例，也在情理之中。这样做，有利于突出高校教师高职称的重要意义，增加高职称对高校教师的激励作用，有利于高校教师在获得高职称的过程中，不断学习，不断钻研，努力提高自己的专业技能和专业修养，促进整体教师专业的不断发展。

（三）严格控制职称晋升比例对高校教师专业发展的负面影响

当教授的头衔与其待遇、名声及自己的满足感相联系的时候，它是被认可，是脸面，是成就，是动力，是鞭策，也是与人合作的敲门砖。高校定岗定编与职称评定的指标控制意味着教师之间必须以相互竞争的方式来获得其应得。当其处于整体一般的环境下，只要他做出比一般人较多的努力，与人相比小有胜出，而实际上并不一定非常出色，他也能获得殊荣。而当其处在竞争激烈的环境下，即使他非常努力，并且的确很出色，他也很可能没有晋升的机会，特别是在许多目前已经"高级职称满员"的高校。因此，在重点大学，一个优秀的副教授、博士因为评教授等候了十几年甚至二十年，"通过努力"来获得被认可的成就没有了希望，他看不到前途，心灰意冷了，再也等不起了，就会丧失进取心，采取"拒绝游戏"的博弈策略。[8]

职称晋升既是提高教学科研水平的需要，也是生存的需要（因为它直接联系经济待遇），既是个人自己的需要，更是国家教育事业的需要。指标控制是最近几年才开始的，在开始控制的时候，实际上，"剩余指标"已经不多了，目前状态下，在后面的青年教师和后进校的教师获得高级职务的概率非常低，这样就打击了他们的积极性，使很多教师因感觉"永无出头之日"而过早地放弃了专业发展。在得不到较高职务时，教师往往不再关注自己专业发展，而是追求眼前的教育教学绩效。[9]或者，许多优秀教师不再甘于"清贫"的教育，把许多精力用于"找钱"的"世俗"活动。何谈专业发展？何谈教学质量提高？而作为学生的导师，他们还哪有精力进行"思想上引导，学习上辅导，生活上指导，心理上疏导"？当教师不甘心、不专心培养、影响学生的时候，我们的教育质量哪里来？

三、从限制职称晋升比例到确定评定标准：高校教师专业发展空间的拓展

（一）职称晋升能够成为高校与教师的需要交割点

人具有特殊性，教育具有特殊性，教师的工作具有特殊性。教师以培养人为主要任务，其劳动对象、劳动手段和劳动过程具有特殊性，因为其劳动对象不同于物质生产劳动对象，而是具有主体性、主动性，他们不是纯粹的客体和自然物，有思维，有情感，有个性，有主观能动性，有差异性，有不同的性格、爱好和特长。学校的独特之处在于：它的"产品"（人——学生）还参与其自身的"生产"过程，而且还是这个"生产"过程的主角。"产品"自己在"生产"自己。每个人都是他自己，每个人都是独特的自我，每个人都与人不同。[10]

教师是能够识别和培养人的人，担负着社会引领者和导向者的责任，他是社会的导师、民众的良知、精神的领袖。因此，教师具备的人格特征比其具有的专业素质更加重要。因为教师的作用除了传授、发现文化知识，还在于铸造学生的心灵，塑造学生的品格。教师职业具有双专业的属性，既包括学科专业性，也包括教育专业性。教师的关键在传授方法，交钥匙，他能够对不同智力状况的和不同教育起点的学生，采用不同的教法，以达到不同的效果。因此，教育没有"人才高消费"一说，高校也就不存在"人才浪费"，作为教师，职称学历越高越好，因为顶级的专家教授才能培养顶级的人才。目前，有博士学位已经成为在各国从事高校教师职业的标准起点。如在法国，博士毕业后可以申请在大学任教，[11]当然，还必须通过考试与资格认定，如在法国，必须通过法国大学委员会负责的高校教师从业资格认定；意大利法律规定：要想成为一名高校教师，必须先参加国家统一考试，获得在大学任

教的资格证书。[11]

　　人有可发展性，人有发展的愿望。人在能看到自己的前途和希望，心情愉快的状态下，才能自由发挥，尽情展示自己的才能，充分调动自己的积极性、主动性、创造性。优秀人才自然应该获得优厚待遇。印度刚毕业聘为讲师的博士收入高于公司里即将退休的技术工人。美国高校专门设置了教师收入增长机制，教师的工资每年都按相应比例自动增加。良好的待遇有力地稳定了教师队伍，使其能安心从事教学、科研工作。[12]作为大学教师的年轻硕士、博士，其参加工作的年龄分别在25、26岁和28、29岁，成长为大学教师，他们接受了很多的教育，付出了很多的学习努力和承受了很重的经济负担，才获得了比人家更多的知识，他们既有专业知识，又有教育知识，更有发展前途。相对于早就业的高职高专毕业生，他们的工作时间要少5—6年，甚至8—9年，当他们进入高校成为"新进教师"时，人家已经家庭完美、经济富裕，小有成就了，而他们事业才刚刚起步，他们还要偿还贷款、养家糊口、赡养父母，他们理应得到更高的回报。

（二）转变高校教师职称比例金字塔格式的成见

　　职称是专业技术职务等级（professional technical post grades），它反映的是专业技术能力与成就的水平（professional and technical level in ability and achievement），也是一种头衔或称号（title），因此高级职称即 senior title。职称是一种资格（qualification），有了职称，表明具有了参加某种工作或活动所应具备的条件或身份，也表明拥有了为获得某一特殊权利而必须具有的先决条件。资格是评或考的，是对专业技术人员水平和能力的评价，必须有学历、资历、继续教育特别是工作业绩的要求，其专业性也不受职务聘用及其后续待遇的影响。既是资格，也只是被聘用的依据，就不应有数额限制，不应与工资挂钩。同时，也与工作单位的行政级别没有关系。而工作岗位是单位聘任的，这时才有工资、津贴等待遇的概念。众所周知的是，某人有资格、有条件、有能力做某事并不意味着他就是在做或就应该做某事。某人评上了教授，就如同那些考上了各种执业资格证书的人一样，得到了行内（政府以及用人单位）的认可，能够胜任某项工作。但是否获得相应的待遇，要看他是否被聘任，从事什么具体工作。这就是评聘分开的依据。职称评定是聘任的基础和前提，聘任不是评定的必然结果。是否聘用要看需要，于是我们也会常见高职称低聘、低职称高聘的现象，如优秀的副教授聘为博导。而达不到层次要求、停滞不前的高职称就应该低聘，这才是人事管理的关键。目前普遍"盛行"的"评上就等于聘任"，是非常不正常的人事做法。当然，值得一提的是，聘用也不能一个标准、千篇一律，而应该尊重个性，分别对待，不一味强求，如工作任务或质量的认定就可以是多方面的，像指导学生科研，自己进行科学与教学研究。

（三）确定职称评定的合理标准

比例控制而非标准控制的一个认知前提是：大家一起，再怎么都行，其中也只有一部分人行；再怎么都不行，其中也总有一部分人行。职称评定必须有一定的标准。只要同样是教授，只有行业与工作性质的差别，没有水平的太大差别。我们评职称中的"按学校申报人数的比例"评定职称的"好好先生""一团和气"的做法，是极其不负责任的、不公平的做法。重点大学为什么是重点，首先的，也是最重要的，就是它有数量众多的、顶尖级的教授，它的高级职称的教师比例高，这是天经地义的。一般院校，尤其是高职院校，当然不能跟它比，高职院校也不能跟本科院校比。因此，在高职院校，教授凤毛麟角，才是正常的。否则，这个"教授"的头衔也就大大贬值了。同一级别的教授，水平应当是相当的，所以，二级教授要全省评定，一级教授要国家评定——是"评定"，不是"指标分配"，也不能"按比例""按指标"进行"分配"。

但是，笔者认为，大学毕竟是大学，教授也毕竟是高级职称，对教授既要有教学的要求，也有教学研究和科学研究的要求，并且要通过教学研究和科学研究促进教学。因此，纯教学而没有教学研究和科学研究的教授，是不可取的，因为你毕竟是"高级职称"。纯科学研究的教授也是不可取的，因为大学不是纯粹的科研院所，大学的主要职责是育人，教授的核心职责还是教学、育人。纯科研型不是高校的义务，研究员、科学家不一定可以做教授，教授可能具有一定的研究水平，但不一定可以做研究员、科学家。

（四）构建人才合理流动的开发性市场

当前，我国高校正在进行的教师定岗定编与聘任制改革，目的在于：由评聘制向岗位聘任制转轨，建立"突出岗位、严格考核、按绩聘任、优绩优酬"的教师聘任新机制。[12] 笔者认为，这只是一种理想，因而目标是"长远型的"，过程是"逐步的"。其现实情况是，"重评轻聘"、职称评审定终身的传统做法短期内无法打破，甚至因为种种原因而不得不坚持着，甚至还要继续很长一段时间。因为，鉴于全国的历史与现状，目前，我国大学，尤其是地方院校，绝大多数没有，也不可能进行较完全的、深层次的人事制度改革，因而用人制度没有必要的弹性和灵活度。实质上还是评聘合一、"全职聘用＋终身聘用的单一用人"模式，教师聘任没有充分体现"按绩"，也就导致事实上冗员与缺编同时存在。职称等级没有作为教师聘任的必备条件，教师职称等级在教师培养、选拔、使用上没有发挥应有的作用，而且在职称评审时，"职务与职责分离，职务终身制"的观念根深蒂固，高校教师岗位聘任"能上能下，能进能出"的机制没有真正形成。[12] 常见的现象是，有副教授、教授当科长搞行政，却一辈子享受因为职称带来的相对来说较高的待遇。

导致以上结果的根本原因是，在我国，尚未建立全国统一的人才交流机制与平台，也就没有，甚至短期内不可能真正实现人力资源全社会共享。而在人力资源可以全社会共享的时候，职称评审就可以只要"按标准"执行了。为使教师职称评审与聘任制改革顺利进行，就要建立健全全国统一的人才流动市场，变人员单位所有为社会所有，实现教师资源全社会共享。[12] 当然，一个重要保障条件就是要完善高校教师社会保障体系。这样，我们就可以实施灵活的教师聘用形式，如借鉴国外高校教师聘任经验，采取在岗聘任、外聘、特聘、联聘、互聘、兼职等灵活形式，聘任期限也分全职、半职、长聘、短聘等类别。并在"不求所有，但求所用"理念的指导下，加强兼职教师队伍建设。这样就可以激励教师强化竞争意识，不断提高业务水平，使高校人力资源配置更趋优化。[12]

（本文得到湖南文理学院李宝斌博士、教授的深入指导）

参考文献：

[1] 百度百科词条"诱因"，访问时间：2014年4月12日。

[2] 百度百科词条"诱因理论"，访问时间：2014年4月12日。

[3] 人事部：《关于印发〈《事业单位岗位设置管理试行办法》实施意见〉的通知》，国人部发〔2006〕87号，2006年8月31日。

[4] 湖南省人力资源和社会保障厅：《关于印发〈湖南省事业单位岗位设置管理工作有关问题的处理意见〉的通知》，湘人社函〔2011〕75号，2011年3月15日。

[5] 郝翔、陈翠荣：《大众化进程中我国高校教师队伍发展与政策效果分析》，《中国高教研究》2012年第5期，第62~67页。

[6] 黄达人：《教授就是大学　师德最关质量》，《中国高等教育》2008年第7期。

[7] 梁庆寅：《我看"教授就是大学"——在（中山大学）2010年教师新春座谈会上的发言》，http://news2.sysu.edu.cn/ShowArticle.aspx？ ArticleID=9006 访问时间：2011年12月8日。

[8] 李宝斌、许晓东：《高校教师评价中的博弈分析及正能量激发》，《湖南师范大学教育科学学报》2013年第6期，第82页。

[9] 周彬：《教师职务晋升政策：演变、异化与优化》，《教师教育研究》2012年3月总第24卷第2期，第1~5页。

[10] 张楚廷：《感悟教育——张楚廷教育札记》，天津教育出版社，2009，第109页。

[11] 叶林：《各国高校教师资格制度的现状及启示》，《复旦教育论坛》2011年第6期，第89~92页。

[12] 周春燕：《教学科研型大学教师岗位聘任研究刍议》，《中国人力资源开发》2009年6月号总第228期，第102~105页。

"高等教育产业化"论审视

理论创新作为学术进步的重要表现，必须恪守职业伦理规范，确保造福人类与国家、民族。理论还没有来得及为学术共同体确认正确和甄别危害就广泛传播甚至变成实践行动，很可能偏离理论创新的终极意义而走向反面——破坏正常秩序或阻碍事业进步。对国家政策的误读可能形成伪学问现象，误导政府部门和社会大众。"高等教育产业化"论是在企图解释中国高等教育办学体制改革和扩招政策的过程中形成的，事实上是对国家教育政策的误读，却快速转变为实践行动并产生了严重的危害性后果，需要从政策本真意义上和实践效果上进行系统批判，以确保理论善的品质，使理论创新造福人类与国家、民族，这是学者应有的学术品质与职业责任。因为它背离了对教育公益性特征的基本认识，然而迄今为止还没有从政策本真意义上和效果上进行系统批判的文章，甚至还主要是赞成的声音，恰恰说明理论界对这种危害性的认识还不够深刻。虽然这个话题已经不在今天的热论之中，但是理论的影响是深远的，因此检讨这种理论现象及其产生的学术动因就异常必要。本文出于学术职业伦理规范的目的对此进行探讨。

一、"高等教育产业化"论的追溯及其内涵：从政策解读到理论化

拨开云雾见真相，结合实践或基于实践进行思辨才能更好地认清理论自我、辨别正误。对一度影响广泛的"高等教育产业化"论进行全面、深入的认识，需要审视其出现的背景与根源、理论与观点的表达形式及其准确性与

正确性、实践后果、纠正与防范等。

首先，看"高等教育产业化"论形成和演变的特点。它与经济学领域的"产业化"论相联系，而比后者及其他领域的产业化探讨更为深入和体系化，影响也更大，这与高等教育的重大社会功能有关，也与同时存在的一些不同声音（虽然微弱或含蓄）有关。其形成有这样几个特点：一是初期主要是观点、主张，并以与经济领域紧密结合的高等教育类型如成人高等教育的分析为切入点，推及对整个高等教育问题的认识，形成对相应教育政策的解读和看法。国内第一篇有关"高等教育产业化"的论文是《高等教育的产业性质及其产业化的意义》，主张将高等教育看作与其他领域一样的产业，甚至认为不应仅仅把高等教育机构看作事业单位，[1] 可以看出，该文有明显的体制改革时代话语体系的学术痕迹。此后十年，每年都有少量论文发表，如1998年《中国国情国力》发表推介"高等教育产业化"观点的论文，大力主张中国高等教育产业化。[2] 二是随着论文数量的增加，该论明显开始以诠释中国教育政策的话语面目出现，试图成为影响中国教育政策的学术理论。如1995年的《高等教育产业化与市场经济》一文从高等教育与市场经济的关系提出了产业化问题，认为高等教育进入市场就是产业化，甚至学校也要产业化。[3] 1996年，有学习《中国教育改革和发展纲要》体会的文章将教育产业化的认识与社会主义市场经济挂钩，认为"教育产业化是社会主义市场经济的客观要求"。[4] 三是在理论演变过程中，"高等教育产业化"从简单的口号式表达逐渐形成丰富的理论和学说体系。作为与政治口号类似的流行政策话语，随着讨论的深入和广泛，逐步变成了内涵不断扩张的理论学说和话语体系，力图影响甚至左右中国教育政策。在理论内容上也逐渐呈现体系化特点：或对"高等教育产业化"进行概念界定和理论提炼[5]——事实上该论的大多数文章都是如此；或将产业性归结为产业化的理论逻辑起点，认为高等教育可以产业化，如刘树明 [6]、武毅英与邬大光 [7]、冒荣 [8]、刘旭 [9] 等；或从知识经济的角度对"教育产业化"加以认识；[10] 或将中国的扩招政策和对经济的影响归结为一种"教育产业化"；[11] 或从民办学校盈利的现实出发论证"教育产业化"的正当性甚至要求民办教育率先产业化；[12] 或甚至直接否认教育的公益性特性，将"高等教育产业化"提升到与教育公益性相对立或与营利性相关的角度进行理论阐发；[13] 等等，各种学术认识琳琅满目。独立学院的创办也标志着高等教育试图朝着产业化行动。

其次，看"高等教育产业化"论的基本内涵。笔者将收集到的"高等教育产业化"有关学说的基本内容大致整理为四个方面：其一，高等教育是市场经济的组成部分，应按市场经济规律办事，甚至高等教育就是应该市场化的产业。这类观点来自经济学视域，譬如从经济学视角或以经济学理论探讨教育的商品属性，或者直接用经济学话语解释高等教育。其二，从高等教育可以营利的事实与政策得出"产业化"的认识。我国很多高校都向市场筹资和向银行贷款，国外大量营利性高校不断崛起，我国民办高等教育可以营利，以此说明高等教育营利的可能性和必要性，因此否认高等教育的公共性及其理论基础，证明"产业化"的必要与必须。其三，从我国高等教育大规模扩招和实行收费制度的事实背景出发，简单认为我国高等教育实际上已经实现产业化。其四，将高等教育领域面向社会自主办学的法人实体现象及教育领域的大部分改革措施归结为产业化这个根源。

以上认识几乎无一不与我国教育政策话语相关，或者说是从解读我国相关政策话语形成的，不但在学术上和对媒体、大众形成了巨大影响，使中国在20世纪90年代开始的教育改革被严重解读成等同于市场的产业化改革，舆论和学术批判的矛头也就一致对准了国家教育政策。事实上，由于大多数论文或理论、观点并没有深入考证国家政策，而多是互相引用，在众口铄金的不精准"解读"下，将"高等教育产业化"造就成国家教育政策倾向。在这种讨论或者说根本就是肤浅的学习、借鉴中，有一个特征是非常明显的：大多数学者只是在是否主张和同意"产业化"的问题上站队，而对这种认识是否是国家政策的本义或者国家政策是否包含（甚至隐含）了这样的话语，似乎缺乏应有的学术关注。当然，在该论形成和扩散的过程中，也有学者提出疑问和批判，如中国人民大学前校长纪宝成教授就多次撰文旗帜鲜明地反对将学校等同于企业和鼓吹教育市场化的似是而非的认识；[14] 著名教育经济学家王善迈也多次撰文对实质上就是主张市场化的"教育产业化"论进行批驳。[15]

二、"高等教育产业化"论是对国家政策原义的篡改：文本的考察

"高等教育产业化"论并非简单的学术赶集现象，而是有着深刻的思想根源[16]和社会根源：一是基于一些社会现象的简单思考提出似是而非的认识，譬如从培训市场大规模发展和民办学校营利的事实出发推导出整个教育应该进行产业化。二是20世纪90年代在市场经济大潮下，"一切向钱看"成为一种社会潮流，很多公益性强烈的行业都呈现经济利益驱动的特征并提出建设产业的口号，高等教育领域也未免受其影响。三是作为一种学术社会现象，经济学成为我国的一种显学影响了几乎各个学科领域，大多数学科都试图从经济学分析和论证本学科的社会问题——"高等教育产业化"论明显具有这样的学术痕迹。实际上，在这一过程中就有著名经济学家主张实行"教育产业化"。[17]四是我国教育政策发生转型的特殊时代背景。1992年邓小平"南方谈话"提出"社会主义也有市场"，1993年中共十四届三中全会通过《关于建立社会主义市场经济体制若干问题的决定》，我国经济与社会领域（特别是经济领域）进行了以市场为导向的重大改革，"市场经济"成为一个热词，"市场"或"市场体制"成为社会领域改革广泛借用的词汇和制度性抉择，"高等教育产业化"显然是这种理论的产物。

可见，"高等教育产业化"论在话语方式上与我国教育政策相联系，形成了相对系统的理论内涵。但是，作为一种解读政策文本所形成的理论，却存在严重背离政策本真内涵的问题，同时在理论上也存在严重谬误。

（一）"高等教育产业化"论违背了高等教育公益性的本质属性

在理论上，公益与私益是相对的关系范畴。公益是关系到社会公共大众或更大多数群体以及国家的利益形态，与表现为个人或特殊群体利益形态的私益相对应，体现公共利益的主体，其利益形态是高度开放性的，呈现明确的公共性特征；即使是公益组织或公共性特征强烈的组织对效率的追求也是一种社会公共主体的公益性的竞争行为。同时，从经济学、组织学和公共行政学等多学科、多角度来看，公益事业或公共性特征强烈的行业一般也难以

市场化。把教育当作市场化产业或进行产业化改革，就是把教育作为可以投资并获取回报的领域，把相应机构办成一种金钱化机构，这与教育的特征与本质及其责任担当不相符。而且，正如政府进入市场投资公司不能改变公司的营利性和逐利本质以及公司作为市场主体存在的事实一样，市场资金进入高等教育或向高等学校、教育机构投资，同样无法改变高等教育的公共性和公益性及其组织特征，这样，仅仅从经济学的角度认识高等教育的公共产品属性，难以看到相应问题的严重性和深刻性。从政治学的角度看，否认教育的公益性或对教育的公益性打折扣，容易滑向政府拒绝向高等教育拨款或不需要承担高等教育公共财政责任的认识误区，进而危及高教事业稳定发展。

在实践中，尽管国内外都有营利性学校类型，甚至出现了专门从事教育投资的公司上市募集资金的现象，但是这并非教育的主流。晚于1993年《关于建立社会主义市场经济体制若干问题的决定》颁布的我国《中华人民共和国教育法》没有在教育领域引入市场经济体制或对教育进行市场化改革的政策意图，也不存在"产业化"的政策含义，而是强调教育是公益性的活动，"教育活动必须符合国家和社会公共利益""任何人不得以营利为目的举办学校"。1998年才颁布的《中华人民共和国高等教育法》也没有显示任何对高等教育进行市场化改革的政策意图。迄今为止的任何政策文本中，均没有采用"教育产业化"或者如"市场化""教育市场"的表述，甚至从未采用过"用市场体制来改革教育"或"在教育中引入市场体制"的表述。

我国政府和高层部门领导、大多数专家学者尽管并不反对在教育中引入旨在提升效率而事实上与"市场化"或"产业化"无关的竞争机制，但都一直极力主张教育公益性而不支持"教育产业化"。1999年前后，"教育产业化"观念在我国膨胀。但是，笔者通读《李岚清教育访谈录》（李岚清著，北京：人民教育出版社，2003）和《中国教育改革发展探索——李铁映论教育（上下册）》（李铁映著，北京：人民教育出版社，2014），没见主管教育、时任国务院副总理的李岚清和时任国务委员、国家教委主任的李铁映提过"教育产业化"问题。我国许多知名学者对教育的公益属性或公共性特征持坚定的立场而反对教育产业化，如劳凯声教授对"教育产业化"论就表示了忧虑，并认为尽管不排斥从资源配置的角度引入市场资金，实现多渠道办学，为社会提供公共产品，但是教育的公共性特征并不能因此被怀疑。[18]

（二）"高等教育产业化"论是对我国办学体制改革政策的误读

我国高等教育办学体制改革出现在1993年之后，"高等教育产业化"论的出现在时间上几乎与此同步，说明很大程度上是误读这方面政策形成的一种认识。回到相应政策文本本身，从1993年到2006年《国家中长期教育改革和发展规划纲要》颁布，我国先后出台过几个重要的教育政策文本——主要是1993年的《中国教育改革和发展纲要》、1999年的《关于深化教育改革全面推进素质教育的决定》和《教育振兴行动计划》等，相关政策表述和主张建构了我国主要的教育政策话语体系。从基本内容看，文件阐述的改革与市场化取向的"高等教育产业化"学说明显不同，倡导实行的改革也并非市场化取向。从我国政治制度实践来看，但凡中央有重大决策，教育系统都应做出及时回应，实际上，作为对1993年中共十四届三中全会《关于建立社会主义市场经济体制若干问题的决定》的回应，教育领域提出了《中国教育改革和发展纲要》（1993年）。对相关政策文本表述做语义和背景特别是制度背景的审视足以证明，办学体制改革绝非"产业化"意义上的教育市场化行动，而有关"高等教育产业化"的解读是明显违背教育政策适应国家经济体制改革真实意图的：

第一，"适应经济发展"不等于"融入市场"。办学体制改革的出发点，旨在"改革包得过多、统得过死的体制，初步建立起与社会主义市场经济体制和政治体制、科技体制相适应的教育新体制"（出自1993年《中国教育改革和发展纲要》）。显然所主张的教育改革是一种回应性、配合性变革，而不是融入性、与市场一体化的。回应性变革是针对社会经济发生的变化，教育发生相应变革，或者为适应社会与经济症候的变化、配合国家市场经济体制改革做出教育系统内部的相应调整，而融入性或与市场一体化的变革强调教育就是市场或将教育出卖给市场。潘懋元教授就认为，在高等教育改革与市场经济的关系上，高等教育应主动适应社会主义市场经济。[19]

第二，"社会化"不等于"市场化""产业化"。1993年，《中国教育改革和发展纲要》将高等教育办学体制改革的政策表述为"面向社会"、（高校）"自主办学"、（高校）"法人实体"；1997年,《社会力量办学条例》（中华人民共和国国务院令第226号，1997年7月31日）提出"引进社会力量办学"。这些关键词没有一个与"产业化"或"市场化"有关。然而"社会主体"而不是"市场主体"，"面向社会"而不是"面向市场"，这种明确的表达并没有引起学术上的充分认识，也没有得到应有的学术尊重，"法人实体"也有意或无意地被遐想为市场化的政策抉择。但是法学常识告诉我们，法人制度的存在从来就不是市场主体的专有特权。从法人产生的历史看，现代大学鼻祖的中世纪大学就是法人，[20]并且在法学理论上，按照不同标准可以将法人分成不同类型：从法人所关注的利益看分为公法人和私法人；从是否可以向投资者分配投资收益的角度可以分为公益法人和私益法人。后一种分类的认识容易让一部分学者特别是法学界学者从实践中存在大量营利性学校特别是美国大量营利性学校崛起的背景出发，得出或者倾向于接受"教育可以营利因而可以产业化"的认识。然而，正如我们一再强调的，我国相关政策文本中办学体制改革的目的就是确认不同社会主体参与办学，以改变政府包揽办学的格局，而不是进行市场化改革。

第三，扩招和收费并不是"产业化"的表现。我国高等教育大规模扩招始于1999年开始自费和公费并轨，后来全面实行收费，与此同时，民办高等教育也大规模发展。"高等教育产业化"论常常以此证明其理论认识。而与西方私立高等教育发家史不同的是，我国大多数民办高校从一开始就带着强烈的利益驱动而不是捐资办学，这也从另一个角度助推了"高等教育产业化"论——学术高潮从1999年开始，大部分讨论都有意无意地将高校扩招和民办学校快速发展看作其具体表征。然而，考察我国教育政策文本，扩招和实行收费与"高等教育产业化"没有联系。而从理论上来说，高等教育收费是源于高等教育的特殊属性——更多的个人利益以及国家经济条件有限的客观现实——而采取的"成本分担"，与"市场化"无关。

第四，高等学校不能成为一种市场化主体。"高等教育产业化"论包含了高等学校作为市场化主体的认识——这种认识可能与政策文本中的"法人实体"相关。然而从法理学看，法人本身与市场并无绝对关系，而市场以捍卫私益和利益最大化为取向，主要运行形态是遵循丛林法则的竞争。在高等教育中引入市场竞争机制的主要目的在于强化教育质量，形成教育问责机制、竞争机制和反馈机制，是对市场中有效机制的借鉴，而绝非将教育市场化。[21] 等同于市场化的"高等教育产业化"论混淆了"借鉴市场机制"和"市场化取向"两个不同问题，将学校等同于谋求私益的市场主体。然而教育永远，也绝不应该是以追求营利为主导的市场性行业。高等学校作为一种开放性组织，即使实行自由竞争也不是纯粹的和残酷的市场竞争，学校的设立、运营和解散乃至学校领导和工作人员的任命，都存在严厉的政府管控空间，引入竞争机制在于提升效率，改善教育效果，实现资源的最佳配置，而绝非将学校看作市场化的主体，更不是把教育这样有着强烈公共性的事业看作市场。事实上，我国不同教育政策均没有也不可能将学校看成纯粹的市场主体。

三、"高等教育产业化"论的危害：学理分析与实践考察

理论应具有"善"的崇高品格，否则就可能误导行动，产生危害后果，特别是对政策解读形成的理论。政策解释的基本使命是尊重政策本义，尤其是专家学者，更应秉承学术与职业操守，谨慎为之，不应该出现错误，甚至为了其他目的而走入邪途，进行歪解、曲解，形成危害性的认识而误导他人与社会特别是政府行为。实际上，"高等教育产业化"论就在实践中产生了一系列危害性后果：

其一，在知识进步和积累上，对后学者产生了严重影响。笔者以"高等教育产业化"为主题词在中国知网进行搜索，截至2016年8月18日，以"高等教育产业化"为主题的博士、硕士论文高达370篇，这些青年学者绝大多数是持赞同或基本赞同的观点。由此可见，在教育学科知识领域，"高等教育产业化"已俨然成为一个被普及的知识和教育理论，这不仅仅是社会公共智力资源的浪费，更是对强调科学性和尊重严格知识规范伦理的科学知识本身的侵犯。

其二，已经影响到相关决策者，导致了错误或不适当的政策。有部门领导曾专门撰文讨论"教育产业化"问题，"解释"国家教育政策对"教育产业

化"主张的回应和具体措施，并将这一问题直接与高等教育收费改革挂钩。[22]实际上，类似讨论不仅影响了中央政府，对地方政府影响更大——直接以"教育产业化"理论为依据实施教育改革行动，譬如源自部分发达地区的学校产权转让的改革以及一些高校以此为依据将学生分门别类进行收费的改革，生硬地将同一所学校的不同学生分成不同等级，导致教育部不得不对这一现象进行政策认可，如"高等教育产业化"论助推独立学院的出现。

其三，成为利益索求与教育批判的错误理论依据。实践中，教育有关的社会中介和教育领域中的不同利益群体把"高等教育产业化"论作为索求利益的理论依据；社会各界特别是学界也把它作为批判中国教育现实的理论支持。由于教育机构曾经（特别是近年来）广泛向金融机构融资和借款，使得不明真相的大部分金融实业界群体借此认为：产业化就是市场化和向钱化，因此高等教育产业化有利于保证金融机构的贷款安全。社会上（包括理论界）也将"高等教育质量下降"归结为"高等教育产业化"的"国家政策"失误，而事实上，"产业化"从来不是中国高等教育政策的本真意义，许多（本应知晓的）特定群体或普通社会大众一般无从知晓，而这种不应有的社会情绪，显然是在浅显的社会现实面前被错误理论引向了错误的深渊。

其四，导致了实践中的错误行动。主要表现：一是错误的办学体制改革行动，如所谓"国有民办"或"公办民营"办学体制的出现，以及广泛流行的"名校办民校"或"公私合办"的办学体制形式。所谓"国有民办"主要是借鉴经济学中市场化取向的产权改革理论，将学校特别是大量中小学的产权整体、部分以有偿转让甚至无偿转让的方式由私人经营，或者采取"产权不变、民办体制运行"的模式进行所谓的办学体制改革。[23] 在高等教育领域，作为与扩大高等教育受教育群体的政策的呼应，我国教育部针对性质同类的独立学院的办学形式出台了专门规定，但也只是将这种办学形式认同为按照民办学校管理的学校类型，而从没有将这种学校从"产业化"角度认识。二是成了部分高校抬高收费的借口，这是中国20世纪末以来"学费高"和"上学难"社会问题的主要根源。三是使高等教育的公信力和崇高地位受到严重影响。高等教育作为高深学问天堂和引领社会发展的重要力量，无论市场经济如何发展，知识与技术如何转化为生产力，也难以改变其天生的高贵特质及其与经济市场为代表的其他社会系统相对独立的特征。然而，"产业化"无疑会使高等教育丧失其崇高的本真追求，沦为社会的婢女、金钱与政治的俘虏。

学术界对"高等教育产业化"的探讨由来已久，热情很高，理论认识颇多，当然也不乏批判性观点。本文旨在发现潜藏其中、可能存在的不正当的政策解读，避免其对实践的进一步误导。毋庸讳言，有关政策文本已经是老话题，但是这一学术现象却是一个有待挖掘的新问题。

（本文得到朱同琴博士的深入指导）

参考文献：

[1] 邵森万：《高等教育的产业性质及其产业化的意义》，《高等教育研究》1989年第4期，第32~35页。

[2] 仲大军：《高等教育亟待产业化》，《中国国情国力》1998年第7期，第16~18页。

[3] 曹涟：《高等教育产业化与市场经济》，《兰州商学院学报》1995年第3期，第44~47页。

[4] 王代敬：《试论教育的生产性、产业性和产业化改革》，《四川师范学院学报（高教研究专号）》1993年第3期，第4页。

[5] 赵扬、宋铮：《对我国高等教育产业化的理论思考》，《教育发展研究》1999年第5期，第34~35页。

[6] 刘树明：《高等教育的"产业"属性及其"产业化"探讨》，《江苏高教》2000年第2期，第57~59页。

[7] 武毅英、邬大光：《关于高等教育产业化若干问题的探讨》，《教育与经济》2000年第1期，第1~4页。

[8] 冒荣：《高等教育产业化的论争与启迪》，《中国统计》2001年第9期，第27~29页。

[9] 刘旭：《高等教育产业化：一个远非实质的命题》，《现代大学教育》

2001年第1期，第80~84页。

[10]李桂荣：《知识经济与高等教育产业化》，《高等教育研究学报》2000年第12期，第51~54页。

[11]郝云宏：《教育产业化驱动内需扩张的难点及对策》，《教育与经济》1999年第4期，第7~8页。

[12]高卫东：《教育产业化与民办教育》，《教育科学研究》2000年第1期，第6~10页。

[13]柯佑祥：《高等教育产业性与公益性的矛盾冲突及其协调》，《有色金属高教研究》1999年第4期，第7~9页。

[14]纪宝成：《认清教育产业化的理论误导与实践危害》，《中国高等教育》2006年第9期，第19~22页。

[15]王善迈：《教育产业化市场化质疑》，《上海高教研究》1994年第4期，第27~30页。

[16]李立国：《教育产业化的思想根源探析》，《中国高教研究》2006年第5期，第31~32页。

[17]厉以宁：《关于教育产业化的几个问题》，《北京成人教育》1999年第7期，第6~9页。

[18]劳凯声：《面临挑战的教育公益性》，《教育研究》2003年第2期，第3~9页。

[19]潘懋元：《高等教育改革与社会主义市场经济的关系》，《中国高等教育》1992年第11期，第8~10页。

[20]湛中乐等：《论大学法人的性质》，《国家教育行政学院学报》2011年第9期，第18~23页。

[21]胡弼成等：《论高等教育质量调节的机制》，《高等教育研究》2014年第7期，第26~33页。

[22]张孝文：《"教育产业化"的思考》，《高校理论战线》1999年第10期，第14~17页。

[23]汪明：《公办中小学办学体制改革问题的探讨》，《教育研究》2005年第8期，第26~27页。

我国高等教育"院系大调整"中的教育思想审视

在中华人民共和国成立不久的特殊历史时期，1952年6月至9月，为了尽快发展工业技术以加快国家经济建设，改善人民生活，中华人民共和国政府大规模调整了全国高等学校的院系设置，称为"高等教育院系大调整"，是中国历史上由政府主导的第一次大规模高等教育变革行动，调整力度大，幅度广。本次大调整建立起了中央集权的高等教育模式，强化了工业院校和工科专业，对国家工业发展起到了及时的、积极的支撑作用；改变了我国高等教育分配上的地域差异，促进了教育公平。就总体而言，院系调整加强了工程、师范和农林等方面专业人才的培养，使专门学院尤其是工科类专门学院有了大发展，为我国培养了一大批经济建设急需的专门人才，对新中国的工业化建设有巨大的推动作用，改变了旧中国工程技术教育过于薄弱的状况。然而，从历史和发展的角度看，院系大调整违背了教育规律，破坏了交叉融合、协调发展的教育生态，妨碍了人文社科类高等教育的发展，也不利于工科院校可持续发展。

一、院系大调整的历史回顾

（一）院系大调整的背景

由于饱受侵略和战乱，成立之初的中华人民共和国满目疮痍、经济衰退、一穷二白，全国上下在社会主义政治纲领的指引下齐心协力加紧社会主义建设特别是经济建设以改善人民生活，提升国家实力，成为当时的宏大主题，也是人心与政治基础所在。作为传统的农业大国，当时，我国绝大部分人口生存生活依靠农业，经济也依靠农业，但是，仅仅依靠低收入、低储蓄、低生产效率的当时农业根本连温饱问题都不能解决；本来就是低层次甚至简陋的民族工业更是几近瓦解。因此发展工业，并通过工业促进农业和其他事业的发展，成为国计民生的当务之急。

工业的发展需要教育，特别是高等教育及其所培养的技术技能人才的支撑。实践也证明，高等教育培养技术技能人才，对工业，特别是一定时期急需的工业技术，具有立竿见影的效果。"要发展工业，首先是重工业，就迫切需要大批的高级技术人才"，"培养工业技术人才，对国家的工业化具有决定的意义"。[1]130 而事实上，当时的我国高等教育存在如下问题：全国高等教育机构本来数量就极少且工业院校地区分布不合理；工科专业师资分散，使用效率低；高等学校学科庞杂，教学不切实际，培养人才不够专精；高等教育特别是工科学生数量不能适应国家建设需要等。[1]163 于是1951年11月，教育部在北京召开全国工学院院长会议，提出工学院调整方案，还决定对华北、华中、华东三个地区的工学院进行重点调整，譬如将北京大学工学院、燕京大学工学院并入清华大学，并将清华大学组建成多科性工业院校。[1]130 调整的目的就是配合国家社会主义工业化建设需要，加强工业院校及其专业建设，希望"全国工学院的调整对于我国工业人才的培养将有重大的贡献"。

（二）院系大调整的主要做法

一是高等教育机构"国有化"。晚清之后的高等教育现代化历程，为我国建立了一定规模的现代高等教育体系。中华人民共和国成立前，除了官方举办的高等教育机构，还包括国外教会组织举办的教会大学，以及私人举办的私立大学。院系大调整时，教会大学和私立大学被收归国有，大部分外国教职员离开中国，这为院系大调整，实现以国家层面计划和统筹管理高等教育奠定了制度基础，这一举措可视为院系大调整的先行步骤。

二是高校类型和科类结构调整，特别是加强工科院校的调整设置。这是院系大调整的核心内容，全国大多数院校特别是工科院校都纳入其中。确定了少办或不办多科性的工学院、多办专科性的工学院为原则的调整思路。在设立专门类院校方面，农学院采取集中合并，每大行政区办好1—3所农学院；每大行政区办好1—3所本科师范学院，培养高中师资，各省办专科师范院校，培养初中师资。[1]168譬如，调整后设立的北京八大学院（北京航空学院、北京钢铁学院、北京矿业学院、北京石油学院、北京地质学院、北京农业机械化学院、北京农学院、北京医学院），主要就是工业学院，它们大多从原来的一些综合性大学中的相关学科和专业方向调整、集中、整合而来。[1]162调整完成后，全国大学本科形成了文理科性质的综合大学、多科性理工学院和单科性的专门学院三种，明确了各类大学的培养目标。[1]168取消与合并了条件不好但设置重复的院校，使多数工、农等学院独立出来。[1]168这样，就大大地和迅速地增强了工科院校的培养能力。事实上，在"五年计划"执行的集中主义模式下，国家工业也确实得以快速发展。[1]106

三是高校的地域结构调整。我国民国时期遗留的高校主要集中在京津地区、沿海沿江地区和晚清以来的一些沿海港口城市地区，主要是华北、华东、华南和武汉为代表的华中地区，而西北、东北和西南的高校数量相对较少。通过按"大行政区"办学的措施，院系大调整行动改变了不同类型院校的地域结构布局，也确保绝大多数省份都有一所综合性大学，以及工、农、医、师范等专门院校。[1]207

二、院系大调整彰显的教育思想

（一）教育为国家发展和人民生活服务

教育具有明确的目的性——教育为国家发展和人民生活服务。教育理论认为，教育目的制定的根据来自一定社会的生产力和生产关系的需要以及人自身发展的需要。教育目的要兼顾社会和人的发展需求，但起决定作用的是社会制约性。教育目的具有历史性——即使是一种社会形态，在其不同的历史阶段，也会导致教育目的有不同程度的差别。[2]106

举办高等教育需要大量必要的师资力量、实验设备、教材、实验室、教室等教学条件，需要学生有接受高等教育的文化知识基础，需要学生和教师等吃、住、日常活动等的生活条件，还应有一定的高等教育历史和文化积淀、办学经验，等等。"巧妇难为无米之炊"，在百废待兴的特殊历史时期，这样的资源是何等的匮乏，因此，要办好高等教育，服务国家建设和人民生活，当时的管理者也只能从实际出发，抓主要矛盾，有所为而有所不为，把有限的高等教育资源调整到工业建设急需的工科技术技能人才培养上，不可能做到面面俱到，齐头并进。同时，对办学主体、科类设置、专业设置等，实行国家统筹，便于资源调配与管理、服务，这是不得已的因时而为，却是有效的。

（二）国家行为是改变教育不公平现状的有力手段

我国现代高等教育起源于清末民初的近代化运动，期间，高等教育举办方来自三个方面：政府、私人、国外宗教组织。皇室（中央政府）举办的高等教育机构数量极少，且主要集中在北京和上海等少数大城市（如京师大学堂、北洋大学堂、山西大学堂、上海复旦公学、上海中国公学）；地方政府兴办的高等教育机构同样极少，也主要集中在省城（1904年颁布的《奏定高等学堂章程》规定："高等学堂定各省城设置一所。"）；洋务派举办的一些带有专科学校性质的高等院校机构也主要集中在少数发达地区或城市。教会组织举办的高等教育机构也主要集中在沿海开放城市（主要是上海、南京和广州等），且规模较小，早期教会组织举办的学校则主要集中在"通商口岸"。私立高等院校也主要集中在北京、上海、广州、武汉和天津等地及一些沿海发达城市，形成了高等教育机构极其不足基础上的地区集中，也就是严重不均衡现象。

院系大调整大刀阔斧地进行院校科类、专业大调整、大整合，改革了旧的大学结构，减少了综合大学，增加了单科性的专门院校，建立起了全新的高等教育制度。"改变了院系设置的无政府状态，把高校调整为任务比较明确的大学、多科性工学院、各种专门学院及专科学校，尤其对综合性大学与专科性院校做了比较明确的分工。""每大行政区办好1—3所农学院；每大行政区办好1—3所本科师范学院，培养高中师资；各省办专科师范院校，培养初中师资"等，立竿见影，改变了高等教育资源地域差异，奠定了改善教育资源地域不公平现状的理论与实践基础。

（三）地域公平是更大意义上的个体公平

知识改变命运，教育成就未来。教育使人变迁、使社会进步，教育促进社会流动，教育是改变社会不公平的最有力手段与途径。高等教育机会或资源的占有意味着一种良好就业机会或生活的开端。优质的高等教育意味着更高水平的竞争力，更好的发展机会——无论对地方抑或个人。

德沃金认为，资源分配的平等应满足个体的成功需求。这是具有普适价值和推广意义的。一个地域通常是一个群体生活的聚集地，关系到众多的人及其子孙后代。一个地域可以当然地看作一个特定的个体，高等教育资源地域分布的公平，通常意味着更广泛范围的群体公平，也就是个体公平。由于教育资源分配不公，相对于别的群体，一个地区的特定群体长期处于教育资源不足，就会因为教育的落后而失去竞争优势，这种因为地缘因素导致的不公平，因为是群体性的，范围更广，而且可能导致代际传递。因此教育资源的地域差别所导致的不公平，其后果或影响远胜于个体之间。于是，高等教育资源分配也应尽力满足地域上的公平，或者说，地域意义上的公平远胜于普通意义上的个体间的公平。

中华人民共和国成立初期，我国各层次文化教育发展水平较低，高等教育资源尤其稀缺，而且在地域分配上存在巨大的差距，这是一个严重的历史问题。院系大调整中以国家行为实施的高等教育地域差异上的调整，从群体不公平问题着手，体现了更大意义上的个体公平。

三、院系大调整的后世借鉴

（一）高等教育多样化不可违

人是一切的根本，教育为了人——为了一切人，为了人的一切。人是教育的主体，又是教育的客体。人是多样化的，多样化的人需要多样化的教育。人的个性、兴趣爱好、知识基础、实践能力、目标志向不同，其接受教育的能力、层次、类别等，就必然不同。高等教育应提供多样化的模式，创造多样化的条件，助力受教育者特长发展、个性发展、全面发展。

我国高等教育大调整行动，使得办学形式、办学主体单一化——全部由国家承担，这种高度统一的人才培养模式，失去了多样性基础，也禁锢了学术思想的繁荣发展；过分统一的高等教育管理体制严重制约了地方办学的积极性，也不能充分调动社会资源办学的积极性，加重了国家负担，由此导致的资源不足，经费来源单一、有限，使得我国在很长（近50年）时间内不得不实行精英化的高等教育，因此剥夺了广大学子享受高等教育的权利。整齐划一，就不可能因材施教，也就必然顾此失彼，使很多原本优秀的人才得不到发现、培养和使用，也是一种人力资源的巨大浪费。

如今，面对经济社会转型的需要，我国地方高等教育也转向应用型技术技能人才培养，就是人才类别多样化的实际需要，也是地方高校个性发展的本质要求。

（二）尊重教育规律，尊重历史

教育具有其自身特有的规律性。教育具有其自身的独立性、特殊性，同时又具有其内部和外部的相关性、联系性。教育为人的发展服务，同时又为社会发展服务，与生产实践相结合。

高等教育办学需要基础，需要积累，应尊重历史，借助历史积淀。院系大调整行动使我国多学科的综合性大学在高校中所占的比重，由1949年的23.9%降至1952年的10.9%。一大批历史悠久的、优秀的综合性大学失去了应有的价值和地位，被改为工科院校。而随着各地新设工科院校的增多，到1986年，这一比例更跌至4.3%。[3]院系大调整批判"通才教育"，强调"专才教育"，在专业设置上一味追求专而细，使得高校毕业生知识面过窄；拆散了一些著名教授集中、办学特色明显、在国内国际很有影响的遗留大学的部分系科和专业，削弱了综合大学的整体学术水平和科研实力，降低了我国大学在世界上的地位和影响。[3]

"未能照顾到某些大学原有的优点与系科特长，以及其本身的实际需要，或者移重就轻，使其多年积累起来的能代表该校特点的教学基础失掉应有的作用，或者把某些重要科系连根拔掉，使该校其他相关科系的教学和研究工作受到影响。"[3]

院系调整后形成的"综合大学（文理学科型）－多科性工科大学－单科性专门学校"的高校设置模式，往往由于社会科学与自然科学，基础学科与应用学科的相互脱节和分离，影响了学科的交叉与渗透，影响了学科的更新发展与人才培养的质量；妨碍了以后高等学校基础研究和应用研究、开发研究的结合。学生不能自由选课，一般也不能转系或转专业，在某些程度上限制了学生的学习主动性、个人兴趣和特长的发挥。相反，人文社会科学由于与紧迫的工业化建设不直接关联而遭到否定，社会学、政治学等学科被停止和取消。[3]这是值得吸取的历史教训。

（本文得到朱同琴博士的深入指导）

参考文献：

[1]［美］R.麦克法夸尔、费正清:《剑桥中华人民共和国史——革命的中国的兴起（1949—1965）》，谢亮生等译，中国社会科学出版社，1990，第70页。

[2]顾明远:《教育大词典（6）》词条"教育目的"，上海教育出版社，1992，第106页。

[3]百度百科词条"院系大调整"，访问时间：2018年8月18日。

论我国优质高等教育资源共享的过度与不足

　　每一项国家政策都事关国家发展和人民幸福大计，必须慎重选择，从理论上寻找科学依据，并在实践中得到检验，因为政策缺陷或执行中的偏颇，都会远离政策初衷，甚至走向反面。科学合理的教育政策会给国家教育和人才培养带来良性循环，并且作为改变教育不公平最有力的手段与途径，还可以起到立竿见影的作用。事实上，教育不公，很大程度上不是教育者和受教育者自身的或自然的原因造成的，而主要是教育政策及由其延伸出来的相关法规、制度、机制的缺失、不完善和不健全所造成的。因此，从教育政策的视角来观照教育公平，能更好体现人类对公平的诉求与政府责任的内在统一。[1]改革开放以来，特别是高等教育扩招以来，我国制定、实施了一系列优质高等教育资源共享的政策、措施，极大促进了高等教育发展，为国家人才培养和经济社会发展、满足国民对高等教育的需求做出了卓越贡献。然而，教育政策与其他政策一样，都应具有明确的时代性，并结合实践成果予以调整、改进。

　　优质高等教育资源是一个客观的、可量度的概念，更是一个相对的、发展的概念。优质高等教育资源是公共资源，应该"共享"，但由于资源是有限的，共享也就是有限的，要把握好一个"度"；同时，"共享"是一个渐进的过程，不能操之过急。实践中我国优质高等教育资源既有共享过度，也有共享不足。以科学的理论指导我国优质高等教育资源共享的实践，以进一步完善我国高等教育相关政策，就要在理论上考察"共享"的利与弊，寻求"应然"；在实践中查找成功经验与不足，以资借鉴。本文对我国优质高等教育资源共享中几个具有代表性的突出实践进行考察，力图发现问题与不足，作为参考借鉴，唤起决策者的重视，以减少不足与失误，而不寻求怎么办。

一、"优质高等教育资源"及其"共享"的内涵

（一）"优质高等教育资源"的内涵

教育资源是人类社会资源之一，包括自有教育活动和教育历史以来，在长期的文明进化和教育实践中所创造积累的教育知识、教育经验、教育技能、教育资产、教育费用、教育制度、教育品牌、教育人格、教育理念、教育设施以及教育领域内外人际关系的总和。[2] 优质高等教育资源更是国家的宝贵财富。

1. "优质"是绝对的，更是相对的

优质，一方面，具有绝对意义，是一个客观的概念，可以用具体的指标体系进行量度而做出评价与判定，英文说 excellent，quality。现实中，判断高等教育资源是否优质，经常对比指标体系进行，如我国985高校，所以名牌大学当然是优质（高等）教育资源。[3] 又如在教授职称评审资格（门槛）审查中，就有专门的指标体系，判断被评者的知识能力水平、教学科研成果、思想道德素质，这是客观的，也可以说是硬性的，因为客观，也就便于操作，避免人情干扰损害公平。另一方面，"优质"又是相对的，是一个比较的概念——判断是否比人家好，英语说 better。同样是评职称，一所一般本科院校甚至重点大学，由于"空缺"教授的"质数"不够，好多成果丰硕的副教授等了多年，在本校激烈的竞争中以极小比例胜出（报到校外去"参评"），最终还要以与高职院校同样的晋升比例"出线"，这样的结果，显然本科院校晋升的教授水平远远在高职院校的之上，因为起先"报出去"的时候，高职院校够基本条件的就不多，而因为空缺"质数"较多，他们更容易"高中"。原因就在于，不是按"客观"标准评定的，也不是校际横比的，而只是在本校内 PK（对决）。可见，excellent 与 better 具有明显的甚至本质的区别，任何事物比较之下，必有 better，而不一定有 excellent。也正因为是相对的，人为的作用就较大，往

往往导致操作中的徇私舞弊或无意的偏颇。这便是"相对"的缺陷。而事实上，讲优质，在更多的情况下，我们是取其相对意义。当然，有的，无论是从哪个角度，都是优质的，如清华北大和大多数985高校。

相对的含义首先可以是整体之比较，还可以扩展到整体与部分、个人与团体等范畴，往往不可一概而论。我国985高校相对于普通211高校，211相对于一般重点高校，一般一本相对于二本，二本相对于三本等，都可以看作整体上的优质，特别是举办独立学院的母体学校相对于独立学院，都是整体上优秀的，可以看作优质高等教育资源。[4]同一所高校中有的学科专业，人才济济，办学基础好，相对于校内外同学科专业，也是优质的，这是部分优质，也往往正是本校的特色所在。一般院校中不乏优秀者，而重点高校中也有个别很一般的，所以一本院校有二本线招生的，二本院校也有一本线招生的，这是整体与个别的关系。一些具有丰富生产生活一线技术经验的教授、副教授，同时也是工程师、高级工程师，把实践知识与技术技能带进课堂，在实践场所，面对种种设备，从理论到实践，从组成、原理到日常操作维护、故障诊断与修理、改进设计，信手拈来，这些双师型教师就是典型的优质资源。以备课小组为单位进行课程教学内容、教学方法改革；以专业为单位，进行人才培养模式改革；以教学研究课题或科研课题小组为单位，建立项目或课题团队，这些都是部分含义上的优质。

2."优质"是历史的，更是发展的

在高等教育精英化的时代，高等教育机构甚少，招收的学生少，经过严格的高考招生，录取精英人才加以培养，高校传授高深知识，这时的高等教育可以普遍认为是比较优质的。我国一些著名高等学府，很多都有深厚的历史积淀，是经过上百年努力奋斗的结果，其中很多仍然十分优秀，是名副其实的优质高等院校，如北京大学、清华大学、中国人民大学、复旦大学、南开大学、同济大学、上海交通大学、南京大学、浙江大学、中国科技大学等。当然，由于需求的变化，优质高等教育资源是有限的，有的条件发生了较大的变化，譬如生师比，如下表所示。

表1 我国10所高校生师比

校名	1988年			2012年		
	在校生数	教师数	生师比	折合本科生数	教师数	生师比
北京大学	22546	2868	7.86	49099	4428	11.09
清华大学	14000	3865*	3.62	39819	4260	9.35
中国人民大学	14669	1652	8.88	28706	1916	14.98
复旦大学	11000	2525	4.35	40790	3151	12.95
南开大学	10000	2478*	4.03	30683	2377	12.91
同济大学	15000	1916	7.83	47371	3238	14.63
上海交通大学	13000	2734	4.75	45964	4428	10.38
南京大学	11000	2431	4.52	32447	2598	12.49
浙江大学	11000	2440	4.51	53837	4548	11.84
中国科技大学	5005	1796	2.79	23357	1687	13.85

说明：1988年数据来源：《教育大辞典3：高等教育、职业教育、成人教育、军事教育》，上海教育出版社，1991，第119~221页。生师比由笔者算出，上标"*"为教学、科研人员。2012年数据来源：武书连2012中国大学综合实力前350名生师比，新浪教育微博，访问时间：2012年2月21日。

当然，"逆水行舟，不进则退"，也有过去优秀的，在激烈的竞争中，不再如此鲜亮了。也有短时间内突飞猛进，跃居前位成为优秀者的，如苏州大学、汕头大学，在世界年轻大学排名中分别位列第101—150和第151—200。而我国香港地区的香港科技大学、香港城市大学、香港理工大学，在成立不超过50年的世界200所大学排名中则分别位居第2名、第7名、第20名。[5] 有的历史上整体不算特别优秀的高校，在面向某些特定行业，长期专注特色学科与专业建设之后，成为某些方面的领头羊，无疑，在这些"单项"上，它们是优秀的。一些地方高校，有些专业培养的大学生知识面丰富，专业技术功底深厚，实践能力强，在人才市场十分抢手。如今正值我国地方高校转型发展的时期，就是面向地方社会经济发展需求，主动对接地方行业企业开展应用型人才培养和应用型技术开发研究，照样可以十分优秀。

（二）优质高等教育资源"共享"的内涵

1. 基本含义是"共同分享"

共享，即分享，共同享有，所以英语讲 enjoy together, share,[6]强调该分享的应分享，并在合理的范围内共同享有。我国十三五"五大发展理念"之一就是"共享"，要使改革发展的成果更加丰硕并在全国范围内由更多的人共同享有，这是执政党提出的目标与要求，事实上也是人类社会发展的最终落脚点。也是我国卓越的政治家、改革开放的总设计师邓小平20世纪80年代提出的让少数地区（人）先富起来，带动更大多数的地方（人）共同富裕思想的具体落实。实现最大多数人的最大幸福，同时也就是最大的公平，所以，习近平同志也说："人民对美好生活的向往，就是我们的奋斗目标。"[7]

高等教育的公共性与公益性特性决定了其"共享"的本质要求。教育资源的公益性即公众受益的特性，这是教育资源最为集中的体现。教育是公益性事业，教育资源公益性的实现，是教育本质的根本体现，也是教育资源的核心价值所在。[8]高等教育作为扩大社会公平的重要动力，实现人的向上发展，改善人民生活，我国自20世纪90年代末开始的高等教育大规模扩招，较好地满足了人民群众对高等教育的需求，扩大了优质高等教育资源共享，这是一种对公平的追求。当然，高等教育共享的形式是多样的、灵活的：可以是更多人享有，如扩大招生；可以是跨地区、跨层次共享，如重点大学教育资源为其他普通高校享有；可以是同层次共享，如区域资源校际共享，课程学分互认；也可以是高校与社会共享，如图书馆、实验室向社会开放；还可以包括高等教育资源"更加主动对接国家战略、社会需求"。[9]

2. 核心问题是"有限分享"

（1）高等教育是特殊资源

高等教育的特殊性决定了其共享的有限性，即，在合适的范围内共享。高等教育具有高深性、专门性。[10]高等教育是培养高级专门人才的高中后教育，接受高等教育须有一定的基础、能力，因此，进入高校学习须经过高考，并分层次录取。同时，无论经济社会如何发达，即使在高等教育大众化、即将普及化的今天，一部分高等教育仍然还是并将继续保持精英化，也就是说，高等教育是面向特殊群体的，特别是优质高等教育资源，服务国家发展战略，培养精英人才，因为不争的事实已经证明：社会优秀者可以为社会、国家和人类做出更大的贡献。因此，高等教育是面向特殊群体的特殊资源，其中的优秀资源也应优先向优秀者开放。

（2）优质高等教育是有限资源

"优质"是没有止境的，正如教育是永远不能完美而令人遗憾的行业，就是因为教育资源越优秀越好，何况我们的高校与世界一流大学相比，还远远不够优秀。事实上，扩招以来，我国高等教育，特别是普通院校，师资力量、教学设备、实践基地、管理水平等，都远远达不到基本要求。加上为了创建世界一流大学，赶超世界先进，国家把有限的财力大比例地投到部分优秀大学，使得很多高校办学举步维艰。可见，我国优质高等教育资源是特别有限的紧俏资源，因而，共享也就自然地有限，不得不同样考虑共享的范围和层次。

二、我国优质高等教育资源共享中的现实问题

改革开放以来，特别是近年来，我国高等教育在规模上有了举世瞩目的超前的飞速发展，质量也有了一定的提升。我国在建设高等教育强国和力争把一部分高校建设成世界一流大学的进程中，建成了和建设着大批优质高等教育资源，这些资源在培养人才、科技强国中发挥了并不断发挥着巨大的作用。同时，这些优质资源也在不断扩大共享，并获得了很多的成功经验。但是，由于历史的、地域的、文化的、体制机制的原因，甚至行政化等的弊端，我国的优质高等教育资源共享尚存在较大的问题，大致分为共享过度和共享不足两大方面，下文结合事例予以解读。

（一）过度共享的典型现象及其后果

"过度"即超越了一定限度，共享的范围太大，或者不应享有的享有了，影响了他人享有，扩大了教育不公平。后果表现在影响教育质量，破坏教育公益性，助长教育行政化和滋生教育寻租等方面。

1.过度共享，影响办学质量

高校办学质量与高校的软硬件条件如实验、实践条件，校园文化与环境，学生服务与管理等，都息息相关，但归根到底，核心的、最关键的还是在于教师，因为只有人是最根本的，高校的学科、专业建设与课程建设、教学等，都是教师具体实施的。师资队伍建设，特别是优秀教师的培养，需要长时间的个人修炼和单位辅助，而我国在高等教育大幅度扩大招生的过程中，师资队伍并没有比照招生增大的比例增加，而是差距很大，这从前述10所大学1988年和2012年的生师比差距就可以看出，这必然导致教师教学负担太重，更无力从事教学研究、科学研究，自然就不可能不影响教学质量。

即使在这样的现实下，基于"扩大高等教育受教育机会""扩大优质高等教育资源共享""补充高等教育办学经费不足"的考虑，20世纪90年代末，我国开始大力支持普通高校举办独立学院，事实上就是"以钱抵分"，降低门槛招收本科大学生，虽然经过不断改进规范，但至今为止，许多独立学院实际上仍旧是母体学校的二级学院、校中校，根本目的在于创收，管理干部和课程教师绝大多数由母体学校派出。如今在很多母体学校，特别是二本院校，专业课程合班上课，教师的年教学工作量也在500课时以上，就是在这样的压力下，教师们仍然不得不发扬"钉子精神"，担任独立学院的教学工作。于是，可想而知，当教师成为上课机器的时候，无论是二本还是三本，教师无心也无力去考虑学生的特殊性和教学的针对性，三本照搬二本的人才培养方案与模式，课程教学内容、方法、手段与教材选择与二本的无异。这样的"共享"既损害了母体学校的办学质量，也不能保证三本的人才培养质量，是一种纯粹的基于经济利益的优质高等教育资源过度共享导致的严重后果。

2.过度共享，有损教育公益性

公益性是教育的本质属性，因此我国高等教育法规定，（即使）民办高等教育也不得以营利为目的。当举办高等教育成为营利的手段与途径的时候，就会带来高等教育质量的虚假、低下，人民对教育乃至国家、社会的不信任，国家人才的严重匮乏，教育的腐败等方方面面的问题。而在今天，在教育产业化等错误思潮影响和经济利益驱使下，我国高等教育的过度共享，很多时候、很多地方使教育公益性基础丧失。

例如,普遍地一味追求经济利益的普通高校成人教育。一所全日制普通在校大学生3万人的高校,每年招收超过1万人的成教学生,怎么开展教学和管理?于是,交钱了事,按期毕业,其他的成绩、手续、过程,有部门、专人负责造。一所高校,与校外上百的公、私机构"合作办学",其中很多根本就不够办学条件,也不会办教育,只不过他们会招生。(事实上,没有这些"合作者",那些潜在的"学生"难道就不读书了?就不是高校的成教生?)于是,没有实质办学,没有过程管理,也经不起检查,他们就只有造,甚至根本就不用造——因为他们与高校分成,他们不怕高校检查。这些靠的什么?高校的名声。这是有损教育公益性的过度共享。

更有甚者,少数高校(特别是地方院校)大肆招收高考落榜生甚至初中毕业生2—3年(甚至5—6年)在校学习,对外、对上说是"与企业合作办学",事实上是高校与校外专门的私人办学机构合作——由他们负责招生(有的也负责为部分学生联系就业)。这种全日制的成教办学模式,合作双方教学与学生管理人员固定占用大量办公场所,学生固定占用大量教室、实验室、宿舍、水电等资源。而教学大部分由普通高校教师担任,大大增加了普通高校的教学与管理负担。这是一种纯粹的创收项目,收取学生大量费用(如每生每年1.5万),加上在校花费,给学生家庭增加了额外负担,而高校得到的只有0.5万。这种以赚钱为目的的办学,有悖国家教育资源公益性本质,使高校沦为私人赚钱的资源和依托,事实上导致国家(有形和无形)资源流失,也使社会大众误解高校办学目的,严重损害国家形象,违反了国家不允许普通高校举办全日制成人教育的政策。

3. 过度共享,助长教育行政化和教育寻租

行政化就是官化、权力化。这里所说的行政化,是指具有高职称高学历、教学科研能力强的教师,一味用心转向行政管理,正如我国的传统观念——"学而优则仕",读好书就可以当官,或者读书的目的就是当官,以光宗耀祖。这与我国高校一味提拔教学科研水平高者从事行政工作,以及国家层层从高校调任、交换干部从而导致层层递补有关。这是一种行政化导向,基于这样的认识:高职称、高学历者是"全才",教学水平高、科研水平高,行政管理

能力自然也就一定强，他们是优质资源，应该全社会共享，在领导岗位上发挥更大的作用。而实践中，干部能上不能下，做过领导的，即使不称职或因个人原因回到原来的岗位（如教学科研）上，因为"曾经当过领导，做过贡献"，就享受一些特别待遇（如减少教学科研任务）。另外，高职称、高学历人员热衷转做行政，也常常因为行政人员会得到很多普通员工（如教师）得不到的好处，譬如，经济待遇较好，没有科研压力，当官有"面子"，享受待遇而不必考核成果，还可以倚仗或利用各种资源从中牟利。事实上，人各有长，书读得好、教学水平高、科研水平高的，不一定就能做好管理工作，因为，行业有差别，岗位职责也有不同，管理是一门综合学问，需要时间学习，更需要长久地积累经历经验。由于没有基层经历和管理经验以及相应的人脉资源，从高校派下去的或校内层层提拔的干部尽心尽力努力做事，常常也难得有起色。另外，转行做管理以后，这些教学、科研的能手就远离了其擅长的区域，因此，这种助长行政化的做法事实上也是教育资源的浪费。

　　教育寻租，即参与教育的主体借用公共教育权力，获取非法的或合法但不合理的利益。[11] 教育寻租是一种利用职权开展的教育腐败，往往通过有意设置或改变制度、规则，或利用现有制度的弹性，牟取私利，照顾小圈子。如干部选拔时，先考虑哪些关系人要"框进来"，甚至就是按照某些人或某个人的已有条件定规则；又如高校招生舞弊、"走后门"。教育寻租的本质是当权者因利而偏袒，是一种教育腐败，严重损害教育公平及其声誉。由于寻租活动必然付出寻租成本，寻租者也迟早以公共资源"偿还租金"，这就必然增加公共支出，损害政府运行的效率和公正性。

（二）共享不足的典型现象及其根源

　　不足，就是没有达到预先设计的理想目标，有折扣。优质高等教育资源共享不足，是指应该共享的，由于地方保护等原因，政策监管又不力甚至政策本身就有偏颇，导致共享范围不够；或者有较好的资源和共享的基础，但由于执行力不够，使得共享存在折扣；或者机制不顺使得共享形式不合适。这些的最终结果都是共享不够，效果不佳，公平正义缺乏。

1. 政策不得力

在高等教育发展过程中，我国制定了不少政策，也采取了一些措施，力图加大共享，改变不公平现状，如加大对西部地区高校建设的支持力度，东、中部地区高校对口支援西部地区高校。这是可喜的进步，也是一种矫正意义上的政策倾斜。然而很多可以立竿见影的教育政策，力度远远不够，离公平还很遥远，且得不到落实。如重点大学招生——2011年，北京每190名（应届高中）考生中就有一个人可以上北大，其比例（概率）是安徽的41倍、广东的37.5倍、贵州的35.4倍、河南的28倍；上海考生进复旦的机会是全国平均值的53倍、山东的274倍、内蒙古的288倍。可见，在不同的地方高考，升学的难易程度差别甚大。

优质高等教育资源和其他公共资源一样，是国家的、全民的，不是某个地方或个人专属的，应该按照一定规则在全国范围内由全民共享，任何地方、任何阶层的人，都没有特权。事实上，我国政府一直在扩大东、中部地区高校在西部地区的招生规模，然而公平的比例是多少？为什么不能有硬性规定？谁执行了，谁来监管？看来，我们的公平之路还很艰难。

值得一提的是一种扭曲的过度"共享"：一个人，多次更换工作单位，仅仅为了眼前的经济利益（转校费），事实上，这种过度的人才竞争，使人才丢掉了原有的团队和平台，最后也只是凭借原来的称号、荣誉换取金钱甚至行政位置，最近国家对此给予了注意并警告可能取消荣誉和称号，但如何量度？谁去执行？还没有针对性强的操作细则。

2. 执行中打折扣

我国从国家、省到高校，都分层立项建设了不少精品课程置于网上，旨在普及共享优质资源，展示教师的先进教学理念和方法，服务自主学习。[12]对提高课程教学水平和人才培养质量起到了很好的辅助作用。然而，第一，事实上，我国大学绝大多数是一般应用型，而国家、省级精品课程开课老师多为名师，开课学校多为名校，且是研究型大学，因而面向应用性不够。第二，重立项欠同步管理与服务，精品课程后续建设停滞不前，内容不能适应时代要求，共享平台支持不力，造成利用率大大降低。第三，由于同一门课程重复立项，实际上课数量也较少，课程内容不够广泛，针对性不够，特色不明显。第四，宣传推广不够，且使用中的商业化现象严重。特别是，调查发现，很多学生并不知道网上精品课程资源，更鲜有学生能够充分利用。[13]第五，很多高校，由于领导层的观念问题，没有花小钱获得广大资源的思想，甚至还怕老师们"坐享其成"，没有提倡，也没有购买这样的好资源。

事实上，很多课程，至少在同层次、同类型的院校、专业，其课程资源可以共享，至少经过一定修改完善，进一步解决针对性后是可以借用的。现在的事实是，所有老师都在自己备课，却不容易达到精品课程的质量。于是带来了很大的遗憾：有好的想法，并实现而建设了好的资源，也花了很多钱财和人力，却没有落实好。

3. 机制不灵活

谢文凤从资源管理的角度考察了我国政府对高校国家重点实验室的人、财、物和创新环境资源的管理现状，发现高校国家重点实验室人才、设备、信息、成果等资源共享严重不够，主要原因是在：科研人员基本集中为本校人；科技资源共享机制缺乏；政府对科技转化推动不够、科研成果孵化平台不健全，对设备资源统筹管理不到位，缺乏对实验室的科研环境管理等方面。[14]事实上，这样的现象在很多方面都是显著存在的。有的著名专家学者，整天忙于国内外东跑西颠的讲学，人旅途劳累、耽误了专心从事教学科研不说，邀请方花费大量金钱和人力，也是巨大的浪费。能否换一个思路，由国家买断其同样或相近内容的讲课视频，由共享者支付国家核准的报酬？高校服务地方也存在很多机制方面的问题：项目及其工作量的认定，信息的互通，经济报酬的支付，校－地、校－企间的协调，高校与地方间人才互用的机制，高校人才在企事业进修的机制，等等。

参考文献：

[1] 朱金华：《教育公平：政策的视角》，博士学位论文，吉林大学，2005。

[2] 百度百科词条"教育资源"，访问时间：2017年8月15日。

[3] 覃川：《充分利用优秀教育资源，拓宽名牌高校办学渠道》，《教育发

展研究》2000年第8期，第45~46页。

[4]秦惠民等:《公办高校优质教育资源外延性扩展中"独立学院"法律地位之探讨》，《中国高教研究》2005年第1期，第43~46页。

[5]2017泰晤士高等教育世界年轻大学排名（The Times Higher Education Young University Rankings 2017），www.suilingedu.com，访问时间：2017年7月22日。

[6] 北京外国语学院英语系编:《汉英词典》，商务印书馆，1995，第238页。

[7]习近平:《习近平谈治国理政》，外文出版社，2014，第3页。

[8]百度百科词条"教育资源"，访问时间：2017年8月15日。

[9]张大良:《以五大发展新理念引领高校改革发展》，《中国高等教育》2016年第3期，第1页。

[10]张楚廷:《张楚廷教育文集第二十卷：学校报告实录卷》，湖南人民出版社，2012，第603~605页。

[11]杨克瑞:《教育制度经济学引论》，中国言实出版社，2008。

[12]胡颢琛、郭清顺:《国家精品开放课程建设现状及问题分析》，《武汉大学学报（理学版）》2012年10月，第111~114页。

[13]陈红兵等:《精品课程建设中加强优质教学资源共享的思考》，《山西农业大学学报（社会科学版）》2011年第10期，第174~177页。

[14]谢文凤:《政府对高校国家重点实验室的资源管理问题与对策研究》，硕士学位论文，中南大学，2009。

公平价值的引领：从免费到公费的师范生教育

自2007年5月9日起，国务院在北京师范大学、华东师范大学、东北师范大学、华中师范大学、山西师范大学及西南大学开展师范生免费教育试点工作，主要面向2007年秋季新入学的学生提供优惠。这一政策的推行主要是为了贯彻落实《中共中央国务院关于全面深化新时代教师队伍建设改革的意见》，吸引更多的社会人才加入教育教学队伍中，在一定程度上有利于培养符合时代要求的"四有"好老师。在此基础上，教育部制定了《教育部直属师范大学师范生免费教育实施办法（试行）》（国办发〔2007〕34号，[1] 以下简称《试行办法》）。该《试行办法》主要从以下三个方面实施：第一，师范生教育免费，即在读免费。《试行办法》第二条规定："免费教育师范生在校学习期间免除学费，免缴住宿费，并补助生活费。"第二，就业保障。《试行办法》第五条明确指出："有关省级政府要统筹规划，做好接收免费师范毕业生的各项工作，确保每一位到中小学校任教的免费师范毕业生有编有岗。"第三，简化读研。《试行办法》第七条规定："免费师范毕业生经考核符合要求的，可录取为教育硕士专业学位研究生，在职学习专业课程，任教考核合格并通过论文答辩的，颁发硕士研究生毕业证书和教育硕士专业学位证书。"免费政策的制定实施，能够帮助师范生扫清经济、就业、深造等多个方面的障碍，在一定程度上体现了国家政策的偏向。2012年，国务院发布《关于完善和推进师范生免费教育的意见》（国办发〔2012〕2号，[2] 以下简称《意见》），"鼓励支持地方结合实际选择部分师范院校实行师范生免费教育"，师范生免费教育随后在全国28个省（区、市）师范院校中逐渐铺开，在改善和均衡薄弱地区师资配置、帮助寒门学子圆大学梦等方面取得较为显著的效果。2018年7月，国务院发布《教育部直属师范大学师范生公费教育实施办法》(国办发〔2018〕75号,[3] 以下简称《办法》),将师范生"免费教育"改为"公费教育",同时对2007年发布的《试行办法》和2012年的《意见》的具体规定作了修改。

随着中国特色社会主义进入新时代,我国社会主要矛盾已经转化为人民日益增长的美好生活需要和不平衡不充分的发展之间的矛盾,人民更加迫切地向往公平而有质量的教育,对建设高素质专业化教师队伍有了更高的期待。作为培养高素质教师队伍的一项重要举措,为更好地适应新形势的需要,师范生免费教育在招生录取、人才培养、就业履约、条件保障等环节的政策不断完善。纵观师范生免费教育从部属大学到地方师范院校,从免费教育到公费教育的三阶发展历程,可以发现蕴含其中的教育公平价值。

一、教育公平在师范生免费教育政策中的发展

(一)从部属大学到地方院校:消解城市与农村之间的教育不公平

一直以来,我国高考在方式、方法上缺乏完善性与科学性,常有"一考定终生"的说法。由于高考分数差异,高考生被分配到"部属"或"非部属"的大学。相对而言,进入了部属师范大学就在一定程度上能够享受更加优质的教育资源、更加多元化的就业与深造机会,从而拥有更加良好的发展未来。但是从本质上来看,大学不能以部属、非部属作为类别将学生分为三六九等,而应该认识到,部属与非部属主要是人才分类培养的场所和方式等方面的差异,是根据动脑与动手、理性与感性、科学研究与生产技术管理等进行的分类。由于科学教育观念的缺失和分类方式的漏洞,我国高等教育机制存在一定的隐患,部属与非部属高校之间缺失应有的公平性。

结合2007年的数据来看,在优惠政策试点的六大部属师范大学内,所招收的师范生数量极为有限。2007年华东师范大学本科招生总计划为3350人,其中在中西部招收免费师范生950人左右;华中师范大学面向全国招生4000人,其中师范专业2200人。虽然师范生在六大部属师范大学中招收比例较大,但是相对全国师范生的总需求而言比例很小,同时,部属师范大学的师范生

毕业后服务农村基层的概率较小。以东北师范大学五届免费师范生为例，截至2017年7月，有68%以上签约到城市区域且比例逐年上升，近三年达82%以上，只有32%以下签约到乡镇及以下区域，而且比例在逐年下降。[4]笔者认为，省属和地方师范院校的师范生才是改善边远地区、贫困地区农村中小学教育质量的主体，"老少边穷"地区的教育事业将有赖于非部属师范院校的毕业生来承担。因此，应该将"补偿"或"优惠"的对象首先确定为非部属大学的师范生。这是因为：其一，部属师范大学培养的师范生数量极其有限，且来自边远地区、贫困地区的比例很小，即使都"回家乡"，也远不能满足"家乡"基础教育的需求。其二，部属院校师范生在就业上比非部属院校其他类大学生有明显的优势，于是有相当一部分部属院校师范生到非教育领域就业，且即使留在教育行业，也大多在大中城市，而到农村中小学就业的微乎其微。其三，地方一般院校的师范生，绝大多数来自农村和边远地区，他们有家乡情结、爱家乡，到家乡从事基础教育，他们下得去，留得住，能安心从教、专心从教，他们才是愿意长期甚至一辈子扎根家乡、坚守基础教育第一线、把教育作为终生事业并孜孜以求的主力。通过大学教育，他们的素质与能力也足够使他们成为合格的基础教育人民教师。其四，国家特别实施师范生免费教育政策的本意是振兴农村教育，是为了引导各地建立鼓励优秀青年当教师特别是到广大农村地区从教的新机制，[5]虽然也为了解决中低收入家庭子女的升学困难，但重点不在于扶贫，也不是旨在惠及部属师范大学的师范生，政策的落脚点应该就在服务农村基础教育的师范生身上，无论这些师范生来自什么层次的师范或非师范大学。

免费师范生教育2007年试点实施时只针对部属师范大学，自2012年开始在全国28个省（区、市）师范院校中推广，使得广大农村的师资得到更多的补充，一定程度上消解了城市与农村教育资源的不公平。

（二）从"免费"到"公费"：消解社会观念对师范生的不公平

教师职业具有高度的责任感与神圣感，这是很多学生报考师范立志成为教师的主要动力。《试行办法》规定，"免费师范生在校学习期间免除学费，免缴住宿费，并补助生活费"，"免费师范生"的称法即来源于这"两免一补"

政策。一方面体现了国家对教育事业的高度重视，旨在通过"两免一补"的优惠政策吸引更多的学生报考师范作为教师的储备力量；但另一方面，"免费"被广泛地解读为国家对贫困生的经济资助，而不是对优秀生的精神吸引；享受了政策优惠，就要"偿还"。"免费"在一定程度上造成社会公众用异样的眼光看待师范生，认为这些学生是因为家庭贫困才读免费师范生，从而削弱了教师职业的神圣感，导致原本志愿从教的学生不愿意背负政策负担而放弃报考师范专业。这与"在全社会进一步形成尊师重教的浓厚氛围、让教育成为全社会最受尊重的事业"的初衷背道而驰。

2018年的《办法》将师范生"免费教育政策"调整为"公费教育政策"，"两免一补"优惠没有变化，但从"免费"到"公费"，一字之差，"公费师范生"不再是贫困师范生的代名词，而是神圣的人民的公共教育事业的贡献者，体现了国家对师范生从经济援助到精神尊重的价值转变，寓意着师范生培养内涵的深刻变化。尊师重教，让教师成为令人尊敬和羡慕的职业，让公费师范生获得身份荣誉感，是对师范生最基本的尊重。

（三）从确保"有编有岗"到"妥善解决所需编制"：消解师范生与非师范生之间的不公平

《试行办法》要求有关省级政府确保每一位到中小学校任教的免费师范毕业生有编有岗，免费师范生享受"就业保障"，毕业后不需要参与竞争便能就业，进入大学就意味着端起了今后的"铁饭碗"，没有了后顾之忧。对于其中一些学生而言，工作有编有岗，就业有保障，学习何必再上进？他们信奉60分万岁、毕业就好的观念，安于现状，不思进取，学习目标不明确，学习缺乏压力和动力，丧失自我发展的积极性。部分免费师范生在教育情感倾注上呈现淡漠和弱化趋势，[6]他们并不真心喜欢教师这一行业，只是因为家庭经济困难无法支付高昂学费，先把工作找好再说。在以后的工作中，这些学生容易不甘于当初的选择，难以形成对教育事业的喜爱之情，更不能将教育事业作为自己一生的追求。因为已经签约当教师，即使努力也不能轻易改变职业选择，一些师范生既不甘心已选择的职业发展方向，也不愿意自觉培养对所选择职业的感情，对未来发展没有信心，进而放弃对其他"更远大的"理想的积极追求，常常陷入"不知所措"的迷茫境地等待毕业。因此，就业保障不能积极有效地发挥免费政策的激励作用，还会影响师资力量的高效培养。

免费师范生因就业有保障而学习散漫的教育状况，对其他大学毕业生而言缺失公平性。因为普通大学生要面临更多更强的就业竞争对手，付出更多或几倍的努力方可获得与免费师范生相当的就业机会。尤其是在当前我国教师管理机制不够完善、不够规范的背景下，如果免费师范生缺乏正确的认知与态度，则会影响今后的教育工作，造成教育资源的浪费。2012年的《意见》规定，"由省级教育行政部门会同人力资源社会保障部门按照事业单位新进人员实行公开招聘制度的要求，负责组织用人学校与毕业生在需求岗位范围内进行双向选择，为每一位毕业生落实任教学校"，公开招聘、双向选择，引入竞争机制，使得高素质的免费师范毕业生有优先选择就业学校的机会。2018年的《办法》第四条将原免费师范生就业政策修改为，由教育部"统筹制定每年公费师范生招生计划，确定分专业招生数量，确保招生培养与教师岗位需求有效衔接"，同时，第十九条规定：各地要"按照建立'动态调整、周转使用'的事业编制省内统筹调剂使用制度有关要求，通过优先利用空编接收等办法，在现有事业编制总量内，妥善解决公费师范生到中小学任教所需编制"。由确保"有编有岗"到"公开招聘、双向选择"，再到"妥善解决"编制，就业似乎不再是百分百保障，克服《试行办法》"就业保障"带来的先天不足指日可待。

二、师范生公费教育政策在教育公平上的不足

（一）地方经费不能保证地方师范生公费培养政策的有效实施

虽然师范生公费教育已经在各省（市、区）师范院校中推广，使得广大农村的师资得到更多的补充，能一定程度上消解城市与农村教育资源的不公平，但我们必须看到，2012年的《意见》规定，"地方师范生免费教育具体办法由省级人民政府制定，所需经费由地方财政统筹落实"，2018年的《办法》沿袭了这一经费政策。因为经费等配套政策的问题，地方免费师范生政策实施的

效果并不如预期。究其根底，仍是教育公平的欠缺。部属师范大学公费师范生的经费统一由中央财政全部负担，生均拨款超过了3万元，而地方公费师范生培养的经费全部由地方负责，生均拨款绝大多数在2万元以下，而且地方各级政府对公费师范生的经费支持差别很大，越是急需教师的"老少边穷"地区，地方财政越是捉襟见肘拿不出更多的经费来支持地方公费师范生培养，教师越是得不到补充，形成恶性循环。

充足的经费是实现教育公平的最基础保障，是公费师范生政策实现培养大批优秀教师、改善和均衡薄弱地区师资配置、帮助寒门学子圆大学梦目标的前提条件。《办法》没有在2012年的《意见》的基础上进一步体现中央财政对地方公费师范生更多的经费支持，仍然存在不公，需要进一步完善。

（二）"简化读研"必然降低研究生培养的质量

《试行办法》规定："免费师范毕业生经考核符合要求的，可录取为教育硕士专业学位研究生，在职学习专业课程，任教考核合格并通过论文答辩的，颁发硕士研究生毕业证书和教育硕士专业学位证书。"2012年的《意见》增加了"与教学相关的学术性硕士学位"可选择，规定"免费师范毕业生工作满一学期后，个人提出攻读硕士学位申请，经任教学校考核合格并批准，培养高校根据任教学校考核结果和本科学习成绩，通过综合考核后录取"。2018年的《办法》规定，"公费师范生本人向本科就读的部属师范大学提出申请，经任教学校考核合格并批准，部属师范大学根据任教学校工作考核结果、本科学习成绩等进行综合考核后，录取为非全日制硕士研究生，以非全日制形式学习专业课程。任教考核合格并通过论文答辩的，授予相应的学历、学位证书"，进一步明确了公费师范生申请攻读研究生的程序，将攻读方式由"在职"修改为"非全日制"，将"与教学相关的学术性硕士学位"选项予以取消，并规定了研究生培养单位为本科就读学校，但对入学的基本要求并没有提高。

学位是学识能力水平的标志，关系到人才培养质量。在过去的高校教育机制中，我国授予硕士学位的数量较少，即使在当前阶段，也仍然重视质量与整体水准，把关较为严格，研究生考试录取比例也并不高，但是无论《试行办法》，还是《办法》，针对公费师范生，明显降低了研究生入学直至毕业的要求。这一政策忽略了一些现实：部分公费师范生的素养并不满足实际需求，在教育教学中无法胜任其岗位；边远地区农村中小学连高级教师都没有，缺少优质的导师资源来引导公费师范生成长发展；目前我国也缺乏完善的对公费师范生研究生培养阶段的监督与评价机制，不利于提升公费师范生的培养水平。因此，在优惠政策的支持下，教师的学历、学位和职称不再是用来作为教育评估的"指标"，而是被用来展示表面上的"比例"。这既不利于教师教育专业化发展，不符合人才培养的要求，无法实现对教育质量的保证，也是对其他研究生培养工作的不公平，是对文凭的滥用，在一定程度上降低了研究生学历与硕士学位的含金量，容易造成社会对公费师范生硕士研究生文凭的质疑，诱发一系列不公平的现象。必须认识到，研究生文凭并不是颁发给公费师范生的奖励证书，也不是赠品，否则只会造成研究生文凭获取与优秀人才培养之间的矛盾。既然《办法》没有对《试行办法》的"简化读研"作本质修改，从长远来看，这一问题仍需在《办法》的实施过程中解决。

（三）　"不准报考研究生"和强制服务制度阻碍学生发展

《试行办法》第五条、《办法》第七条规定，免费（公费）师范毕业生"一般回生源所在省份中小学任教"。《试行办法》第四条规定："免费师范生入学前与学校和生源所在地省级教育行政部门签订协议，承诺毕业后从事中小学教育十年以上。到城镇学校工作的免费师范毕业生，应先到农村义务教育学校任教服务二年。"《办法》第七条将公费师范生的服务期限修改为六年，到农村义务教育学校任教服务年限修改为一年。《试行办法》第七条规定："免费师范生毕业前及在协议规定服务期内，一般不得报考脱产研究生。"《办法》第十二条规定，除"公费师范生按协议履约任教满一学期后，可免试攻读非全日制教育硕士专业学位"外，"公费师范生在协议规定服务期内不得报考研究生"，解除了《试行办法》"毕业前"的约束，同时去掉了"一般"和"脱产"的可变通性、可选择性，从而使公费师范生报考研究生有了更严苛的前提要求。

限制报考研究生和强制服务教育政策，在一定程度上阻碍了公费师范生自身、教育事业以及教育对象的发展，容易造成师范教育资源的浪费，影响了政策的公平实施。

第一，强制服务政策与"人"的教育本质相违背。教育的目的在于发展人的可发展性，使每一个人都能全面发展、个性发展、特长发展。教师教育的本体价值应是关怀生命本身，回归生命的幸福成长。[7] 在生命教育理念的观照下，师范生教育机制应当更为尊重人、发展人，尊重师范生在学习和职业上的自由与自愿选择。但是目前的政策不仅对于公费师范生从事基础性教育职业的吸引力不够大，对他们的选择限制还很多，尤其对于那些被优惠政策诱导、对教育事业缺乏热情的师范生，强制服务政策缺乏人本考虑。

第二，师范生在从事实际教育工作之前，并不能深刻理解教师的职业价值。人在还没有形成爱岗敬业意识的时候就被强行地规定在未来数年都从事这项工作，必然产生被强制的感觉。当从业意向与强制规范相违背时，公费师范生会认为选择自由被剥夺，无法真正热爱教育事业，也无法专心从事农村基础教育工作，不能以振兴教育作为己任。由于不是自愿的，对工作缺乏热情，在农村又看不到（自己、家人和社会可能希望看到的更远大的）希望，加上目前边远贫困地区优秀教师缺乏，教师教授课程和管理学生的任务繁重，工资待遇却很低，生存压力较大，[8] 通过公费师范生培养出来的教师的教育水平将会受到严重的负面影响。

第三，教育需要教师倾注教育情感，真正的专业化教育也需要教师在教育实践中养成。教育的特殊性在于，教育的主客体都是有思想、有情感的生命个体，因此，教育情感是教育的生命。教育情感是教育者的情感，是教育中的情感，是教育性的情感。[9] 教育情感的生发与升华，存在于教师与学生的教育互动过程中。教育情感首先体现为教师对教育事业和教育对象的爱，在接触教育对象即教育互动发生之前，这种爱是抽象的、空洞的、不稳定的。只有在与教育对象建立互动后，教育情感才具体而真实。在长期的教育互动中，教师逐步形成对教师职业的深刻理解，对教育理念的准确定位和对教育方法的恰当施为，教育情感和教育能力、教育素养都得到升华和提高，实现真正的教师专业化。教师专业化的黄金时期一般在从教8—10年之后，国家花费大量金钱和教育资源培养的公费师范生，若还不到黄金时期即完成服务期限离开教师岗位，是对教育资源的浪费。一个新手的短暂"支教"对农村基础教育质量不利，走马观花似的更换教师是对农村基础教育不负责任。仅仅为了完成已经签订的服务期限当一两年时间的教师，并不可能使教育工作专业化，更无法实现教育队伍的稳定。

第四，"不允许报考（脱产）研究生"，即不允许公费师范生通过个人努力脱离现有教师岗位，实现自己可能在教师岗位以外的更高人生价值与社会价值，必然导致人才的压制和浪费，也是不人道的。公费师范生大多是高考中的佼佼者，有不少在本科毕业以后，经过继续学习，特别是科学研究训练，可能成为其他领域的高级创新人才，为国家乃至世界做出巨大的贡献。在从事教师行业之后，公费师范生可能通过实践认识到，教师并不是自己最擅长的，也不是自己最喜欢的职业，因此"改行"就会成为一种普遍的现象。即使是不改行，这类公费师范生也不能在实际工作中发挥应有的作用，不能充分展现其才能与特长，造成了人才资源的浪费。这种对待人才的制度设计与"尊重人才，尊重知识"的宗旨背道而驰，与国家所致力倡导的"创造条件让优秀人才脱颖而出"的政策措施相矛盾。

三、公费师范生教育公平化路径

2007年以来，我国有关师范生免费教育政策通过两次调整和修订，整体上更趋合理，尤其是《办法》的"激励措施"将为基础教育师资培养发挥积极的作用，但是它延续了《试行办法》的一些公平性缺失的不足，还需要教育政策顶层设计的逐步完善。

（一）尊重现实，拓宽资金渠道，逐步增加地方公费师范生培养经费

如上所述，经费支撑不力是制约地方公费师范生教育发展的瓶颈，也是实现公费师范生教育公平的一大硬伤。在教育与经济发展相矛盾时，政府应当坚持"教育先行"的导向，特别是对于亟须补充师资队伍的农村地区，要拿出更多的经费支持地方公费师范生教育。省市共建的地方高校培养地方公费师范生，除了主要由省政府承担经费外，中央财政可以适当补贴。国家还

可以通过激励政策，促进沿海发达城市、企事业单位或团体、个人对西部地区进行专项、对口的地方公费师范生教育扶持。一方面，通过拓宽资金渠道，逐步增加地方公费师范生的培养经费，为地方公费师范生政策的有效实施提供保障；另一方面，通过多方参与公共事业，能进一步扩大公费师范生政策的影响力，有利于提高公费师范生和"老少边穷"地区教育的社会关注度，提升地方公费师范生的荣誉感，进一步形成尊师重教的浓厚氛围，让教育成为全社会最受尊重的事业。

（二）把握当下，健全培养制度和监督制度，进一步提升公费师范生培养质量

承担公费师范生培养的部属高校和地方高校，应该建立健全公费师范生培养制度，注重各个环节质量的有效监测；加强理想信仰教育，健全教育信仰的评估制度，完善教育信仰的考核指标，强化教育信仰的监督和激励机制；建立公费师范生的诚信档案，并将它作为公费师范生培养和职业发展的重要参考依据；健全公费师范生的进入和退出制度，极力鼓励有志于从事农村中小学教育工作的优秀学生进入，坚决淘汰品德、学识、技能和素养不达标的学生，开放允许不愿意从事农村中小学教育的学生有序退出，使乐教、适教的优秀人才进得来、留得住，确保公费师范生的生源质量，为中小学教师队伍提供政策保障。国家和省级教育行政部门也要相应制定科学的评估指标体系，建立对承担公费师范生培养任务的高校的动态评估机制和进退机制，[10]以保证公费师范生的培养质量；适当收紧公费师范生攻读硕士研究生的政策，提高研究生入学和毕业的要求，进一步完善公费师范生研究生教育的监督与评价机制，保障研究生教育的整体水平。

（三）面向未来，改革教师用人机制，切实提高教师的社会地位和经济待遇

师范生是教师队伍的后备人才，因此，就师范生公费教育的外部环境而言，有必要对现有的教师用人机制进行改革，切实提高教师的社会地位和经济待遇，弥补我国公费师范生教育在公平性上的不足。应该创造软硬环境吸

引人才和留住人才，并使人才有条件、有机会充分发展，实现自己的个人价值和社会价值，使教师真正成为令人尊敬与羡慕的职业。国外的经验教训值得我们借鉴。英国自古以来就有尊师重教的传统，教师拥有较高的社会地位。即使是在乡村，教师的职业也极受尊重，加上经济收入可观、工作环境良好，使教师职业得到了很多年轻人，尤其是年轻女性的青睐。在瑞典，教师同样具有较高的社会地位，但由于工资水平低，教师改行的现象频繁发生，教师队伍很不稳定。通过英国与瑞典的对比可以发现，为了保证基础教育，尤其是农村基础教育师资力量的强化，我国不能仅有短期的补贴，还要着眼长远，从根本上提高基础教育教师的社会地位与待遇水平，激发师范生作为国家公费培养的教师的使命感和荣誉感，以促进教师队伍的稳定、健康发展。

（本文得到湖南文理学院沈红宇博士的深入指导）

参考文献：

[1] 教育部、财政部、人事部、中央编办：《教育部直属师范大学师范生免费教育实施办法（试行）》，http://www.moe.edu.cn/jyb_xxgk/moe_1777/moe_1778/tnull_27694.html，访问时间：2018年9月12日。

[2] 教育部、财政部、人力资源社会保障部、中央编办：《关于完善和推进师范生免费教育的意见》，http://www.gov.cn/zhengce/content/2016-08-24/content_5101954.htm，访问时间：2018年9月17日。

[3] 教育部、财政部、人力资源社会保障部、中央编办：《教育部直属师范大学师范生公费教育实施办法》，http://www.moe.gov.cn/jyb_xxgk/moe_1777/moe_1778/201808/t20180810_345023.html，访问时间：2018年9月12日。

[4] 商应美：《免费师范生就业政策实施10周年追踪研究——以东北师范大学五届免费师范生为例》，《教育研究》2017年第12期，第141~146页。

[5] 师玉生：《从公共政策七要素看我国师范生免费教育政策变迁》，《教育评论》2015年第10期，第19~22页。

[6] 田友谊、丁月：《免费师范生教育信仰的现状、影响因素与培育对

策》,《教育研究与实验》2018年第1期,第31~34页。

[7] 李铭磊、韩延伦:《回归生命:教师教育本体价值刍论》,《当代教育论坛》2018年第5期,第48~54页。

[8] 赵宇、刘军:《我国师范生免费教育政策实施现状与完善策略》,《教育探索》2017年第4期,第89~93页。

[9] 刘庆昌:《教育者的哲学》,中国社会出版社,2004,第238页。

[10] 吕吉、吕武:《均衡视域下义务教育阶段教师培养与补充政策问题及其路径——以地方免费师范生政策为例》,《滁州学院学报》2018年第4期,第82~85页。

第三部分

03

教育实践中的公平问题审视

高校用人："举贤"不必"避嫌"

2003年，北京大学开始进行人事制度改革，不留本校应届毕业生。校方的理由是"有一些院系任人唯亲，部分院系新教员招聘'近亲繁殖'严重，博士生'自产自销'比例过大，不利于活跃学术气氛和鼓励学术创新"。还说"这可以说是不得已而为之"，又说"他们（指毕业生——本文作者注）（以后）可以再回来"。[1]这种做法还有借鉴国外"先进经验"的充分理由，如美国高校不从本校应届毕业生中招聘教师；德国高校不从本校助教中晋升教授。舆论从避免学术上的"近亲繁殖"的角度进行了大量报道，大加赞赏，从此，全国很多高校开始大力效仿。高校到底应该如何选择人才、使用人才，这涉及用人之中的"举贤"与"避嫌"两个经常发生冲突的价值取向，是教育公平中高校用人政策的重要关注点。

人才的标准是统一的、客观的，素质、能力和专业水平是评价人才的唯一标准，学术权力是唯一的评价机构。人才使用中的"举贤避亲"只是抗击高校学术行政化的无奈与无效之举；"举贤避亲"会丢失传统，不利于学术传承与发展；"举贤避亲"的硬性规定会滋生反向歧视，扩大了教育领域的不公平。举贤不必避亲。高校应创造适合人才发展的环境，让人才在"举贤"与"避嫌"之中脱颖而出；要坚持用人标准，严格招聘程序，完善体制机制，以吸引人才和留住人才。

一、人才标准的公正性与客观性

人才学认为，人才就是以其创造性的劳动，为社会发展和人类进步做出一定贡献的人。据此，人才就是指"具有根据一定目的，运用已有知识，产生出某种新颖、独特、有社会或个人价值的产品的能力"的人。也就是说，有创造性并且品行端正的人，就是人才。在人才的使用标准上，尽管自古以来就一直提倡任人唯贤，但是在具体的操作过程中"任人唯亲"的现象却时有发生。"举贤"是否应该"避亲"，《吕氏春秋·去私》中祁黄羊对晋平公的回答作了很好的注解：

晋平公问于祁黄羊曰："南阳无令，其谁可而为之？"祁黄羊对曰："解狐可。"平公曰："解狐非子之仇邪？"对曰："君问可，非问臣之仇也。"平公曰："善。"遂用之。国人称善焉。居有间，平公又问祁黄羊曰："国无尉，其谁可而为之？"对曰："午可。"平公曰："午非子之子邪？"对曰："君问可，非问臣之子也。"平公曰："善。"又遂用之。国人称善焉。孔子闻之曰："善哉，祁黄羊之论也！外举不避仇，内举不避子。祁黄羊可谓公矣。"

这便是"大公无私"这个成语的由来，形容完全为集体利益着想，没有一点私心。也指处理事情公正，不偏向任何一方。从中也可以看出选用"人才"的标准只能是：强调真才实学，以知识和能力、品德作为考察和检验的尺度。

在高校，教师是特殊环境之下的特殊人群，人们对教师有着更高的特殊的要求，正如当代教育家张楚廷先生所说："会教书的老师是好老师；会搞科研的老师是好老师；既会教书又会搞科研的老师是更好的老师；只会教书不会搞科研的老师将越来越在大学站不住脚。"培养人才是学校的工作中心，而教学和科研是支撑这个中心的两个基本点。没有科研为基础的教学不是高水平的教学，不能引进课堂教学内容的科研不是高水平科研。因此高校的用人准则就是选择既有渊博的知识、较强的科研能力和发展潜力，又有一定教学水平且品行端正者。

二、"举贤避亲"只是抗击高校学术行政化的无奈与无效之举

（一）"举贤避亲"是抗击高校学术行政化的无奈之举

祁黄羊的注解是用人不必避亲，这为许多掌握权力资源的人物"用人唯亲"提供了"理论依据"。在关系网盘根错节的当今社会，高校招纳人才时，师生关系、裙带关系严重阻碍用人制度公正性、公平性的执行与发挥，严重损害教育的公平原则。又因为中国社会"上有政策，下有对策"的流毒很深，不一刀切，不严严实实地堵死大门，总有人使出浑身解数，钻政策和规章制度的空子。北大的硬性规定就是在这种无奈的现实背景下采取的无奈之举。正如主持北大人事制度改革的张维迎教授所说："如果院长或系主任想留自己的博士，有多少教员敢站出来说他（她）的水平不行呢？如果院长的博士留下了，他又如何能不同意副院长的博士也留下呢？"[1]

由此可见，因担心"关系摆不平"而采取"举贤避亲"，表面上是担负重大社会责任的高校对现实社会关系网的放任、妥协，实质上是高校学术权力对行政权力的让步，是高校学术权威的弱化，甚至丢失；是对高校教育行政化的妥协，甚至认可；也是高校纠正社会不良风气、弘扬正义的作用和地位的丧失。

（二）"举贤避亲"是抗击高校学术行政化的无效之举

如果因为怕那些院长只留自己的博士就一刀切而不准进自己的博士，能保证以后从外校进的博士就不是那些院长们原来的本科生、硕士生，或者是院长的老乡、亲戚，甚至是他的同学的学生、同学的孩子，或者干脆就是他已经私下收取了那些想进高校的毕业生的"就业费"？换一个角度，一所高校的学生先出去一下再进来，原来的那些"关系"就不存在了吗？"再回来"就不是因为"关系"了吗？"再回来"就真正可以做到"避亲"了吗？也许到时回来，堂而皇之，却是更多地依靠了之前的关系呢！

可见，"举贤避亲"是不敢正面对待和处理教育行政化而对之进行的暂时性的回避，不是力图真正直面地去解决"教育行政化"这个中国特有的，阻

碍教育发展的毒瘤。在"上有政策，下有对策"的局面下，"举贤避亲"仍然不可能打破关系网。因而，"举贤避亲"是抗击高校学术行政化的无效之举。

三、"举贤避亲"不可取

（一）丢失传统，不利于学术传承与发展

"举贤避亲"会导致传统丢失。而实际上，思想需要传承，技术同样需要传承。创新并不排斥传承，且创新需要，有时甚至依赖传承。科学与技术的发明与创造，甚至一个思想或哲学理论的创立，并非都是偶然的，也都绝对不是一蹴而就的，往往需要一个从量变到质变的过程，需要一代代科学家、思想家不懈地"接力"。有的人在科学的象牙塔中、故纸堆里寂寞耕耘，苦苦摸索了一辈子，也可能只找到了一个方向，奠定了一个基础，中断研究就是浪费。牛顿说，如果说我看得比别人更远些，那是因为我站在了巨人的肩膀上，讲的就是这个道理——传承。

我们还用"宫廷秘方"在制药，可以治病救人、益寿延年。我们还在用唐宋艺术制陶作画，或为实用，或为欣赏。一幅清明上河图价值连城。我们还要继续考古，深挖远古时代的文化精髓，都是因为它们有其可以研究和学习的内涵，有可以借鉴的艺术价值。电脑、手机、电视机不断改进，一天一个样地在升级换代，不断因普及而降价，为大众所用，却是因为其所依托的数学与电气原理是正确的，却也没有大的变化。一些成熟的原理、方法、经验是前辈科学家发现、发明的，我们能离开它，丢掉它吗？袁隆平一辈子研究杂交水稻，明天，我们要不顾他的已有研究成果而从头再来吗？我们办大学培养学生，首先也是学习前人的经验。丢失了传统，我们还学什么？忘却了继承，我们还能创新吗？

学术上的"遗传病"不是必然的，说"必然"，没有科学道理，也没有法律依据。科学是讲真理的，学术上的行政化、关系网也不是必然的。体制与学术不能混为一谈。硬性规定不留本校毕业的博士生容易出现知识链条和科研链条的脱节，不利于知识的传承与发展，失去了根基，不利于创新思维的出

现。另一个角度，一项研究因为参与人员的更换而中途"夭折"，也不经济。

（二）"硬性规定"滋生反向歧视，扩大了教育领域的不公平

"举贤避亲"这种硬性规定最大的弊端是必然滋生反向歧视，剥夺了一些有志于为教育事业发展贡献青春和智慧的、真正的人才参与公平竞争的权利。禁止北大各院系留自己的博士生，这些最有学术潜力的年轻学者便不得不到与北大有相当差距的学术环境中去工作。[2]这是对这些人的不公平。尤其是对那些本来就没有"关系"，而确有真才实学，或者因为确有真才实学而可以完全不需要利用"关系"（虽然确有"关系"）而可以留在北大的人的不公平。也就是说，"举贤避亲"这样的硬性规定导致了优秀人才的流失。

与不留本校毕业生相对应的措施是大力引进"海归"。换一个角度，海外"学者"就一定比自己的强？如今国门开放了，经济发展了，去国外求学简单了，还有许多人在国内考不上好的大学，或根本连一般的大学也考不上，甚至连高考的"战场"也不敢上，就到国外曲线求学，因为国外大学门槛低，有的甚至入门也不需要考试，一般学位（学士、硕士）的学龄要求短，几乎就是"速成"，于是我们国家到处都是"海归"，也不见得比国内的水平高到哪里去，却还得到高人一等的"另眼看待"。（当然，本文并不轻视那些确有真才实学，为世界的科学与思想的进步、祖国的发展和人民生活水平的改善做出了卓越贡献的绝大多数"海归"们。）这种反向歧视既是教育结果的不公平，也是人才的浪费，教育资源的浪费，而这种浪费是对社会和国家的更大的不公平。

四、事实证明：举贤不必避亲

学术上的"近亲"不一定都是坏事，避亲则可能会丢贤。因此，只需妥善处理好"举贤"与"避嫌"的关系，而不必一味避亲。这方面的成功实例很多，如我国的数学教授、教育学教授张楚廷先生毕业于湖南师范大学，一直在该校任教（已经超过50年了），作为当代教育家、哲学家、数学学者、教育学学者、心理学学者，他是课程与教学论、高等教育学两个专业的博士

生导师，是华中科技大学、西南大学、北京师范大学等多所名校的兼职教授。出版学术著作130多部，涉及教育学、心理学、哲学、数学及管理学，发表论文1400篇。眭依凡教授在其博士论文中说道："朱九思为政治家，张楚廷为学问家，曲钦岳为科学家，同样成为当今中国最杰出、最有治校成就的校长教育家……张楚廷校长则教育理论著作等身，成为影响极广的教育专家。"一个当年优秀的学生留校任教，我们不知道是不是一定要定格为"近亲繁殖"，如果是，那么当年那个留校的青年学生如今成为著名的教育家，我们也就看不出"近亲繁殖"有什么危害。

莱布尼茨（1646—1716）是德国启蒙运动中伟大的哲学家、数学家、逻辑学家、历史学家和语言学家，被称为德国及欧洲历史上最后一个各学科的通才，他就读于莱比锡大学，其父亲就是莱比锡大学的哲学教授。这应该是最典型的"近亲繁殖"了吧，不知道如果不是这种"近亲繁殖"，他是否会有比这更大的成就？当然，不排除有人会说"也许会更大吧"。

作为例证，本文进一步给出几个产生了影响世界的重大成果的著名的"近亲繁殖"事实。见表1—表3。

表1　5位世界顶尖级的德国哲学家就读和就职的大学 [3]577

姓名	就读大学	就职大学
康德（1724—1804）	柯尼斯堡大学	柯尼斯堡大学（40年）
叔本华（1788—1860）	哥廷根大学、柏林大学、耶拿大学	柏林大学
费尔巴哈（1804—1872）	埃尔兰根大学	埃尔兰根大学
雅斯贝尔斯（1883—1969）	海德堡大学	海德堡大学（1921—1937）
海德格尔（1889—1976）	弗赖堡大学	弗赖堡大学

表2　5位世界顶尖级的德国数学家就读和就职的大学 [3]582

姓名	就读大学	就职大学
高斯（1777—1855）	哥廷根大学、哈勒大学	哥廷根大学
希尔伯特（1862—1943）	柯尼斯堡大学	柯尼斯堡大学、哥廷根大学
克隆尼克（1823—1891）	柏林大学	柏林大学
黎曼（1826—1866）	哥廷根大学、柏林大学	哥廷根大学
外尔（1885—1955）	哥廷根大学、慕尼黑大学	哥廷根大学、普林斯顿研究院

表3　3位在清华、北大读书并在那里任职的中国著名的哲学家 [3]584

姓名	就读大学	就职大学
冯友兰（1895—1990）	北大、哥伦比亚大学博士（1923年）	清华（1947年）、北大（1952年）
金岳霖（1895—1984）	清华、哥伦比亚大学博士（1920年）	清华（1925年）、北大（1952年）
任继愈（1916—2009）	北大	北大（1942年）

五、让人才在"举贤"与"避嫌"之中脱颖而出

人才是最重要的财富，人才不能淋漓尽致地发挥作用，就是最大的浪费，会给社会和国家的发展造成重大的损失。因此，要善于识人用人，"人尽其才"地合理使用人才。如今，我们主要缺少的不是可以识得千里马的伯乐（因为大学生在就业选择的过程中已经可以充分地展示自己），而是一种能让千里马脱颖而出、放缰奔驰的用人机制和社会环境。本着以人为本的思想，关心人、信任人、尊重人、培养人，发掘人的潜力，最大限度地调动人才的工作热情，充分发挥他们的创造力，必将造福国家和全社会。

公平用人的原则就是"唯才是举"，既不能"用人唯亲"，也不能"举贤避亲"。为了既"举贤"又"避嫌"，采用一定的监督措施，增加招聘过程的透明度是必要的。在招聘过程中，要贯穿平等意识，这种平等意识包括校内校外人才的平等，国内人才和"海归"及海外人才的平等。不可否认，在国内高校中，存在大量"近亲繁殖"的现象，一方面是因为个人关系的原因，导师倾向于选择自己的学生，还有一方面是出于研究工作延续性的考虑。为了更好地进行学术交流与互补，学校须具备一套合理的编制核算机制，合理设岗、科学考核，坚持校内校外人才处于平等竞争的地位，贯彻校内外人才兼顾的原则，本着唯才是举的宗旨，科学合理地选择人才。

（一）坚持用人标准，严格招聘程序

教育的一个很重要的职能是为社会培养人才。所以，对人才的认识，直接决定教育的方针政策，影响教育活动的开展。贤人的标准是统一的、客观

的，与是否是"亲戚"不相干。关系网的问题，实质上也是学术与行政谁来确定"人才标准"的问题。在留人的时候做到公正公开是完全可以的，向全校老师和学生公示，允许大家提供各留校候选人的师生关系、裙带关系，只要学术权力是唯一的评价机构，只要素质、能力和专业水平是唯一的评价标准，只要那些做博导的院长做到真正的公平，只要"关系者"经得起人们"评头品足"。

由于中国是传统的人情社会，教育制度体制的内在缺陷导致了教育利益分配、教育系统整合方式与运作方式的缺陷，导致了教育权力的腐败现象。这也表明了当前的不公正的教育制度是由权力和金钱为主要配置性资源构建起来的，权力和金钱在很大程度上决定了优质教育资源的效率问题。公平的教育制度应当是"纳贤"不必"避嫌"。因此，政府在选择和制定教育政策时，面对公正和效率、质量的矛盾冲突，应该秉承正义、公平的价值取向。因为，"教育制度不应成为复制社会不公平的工具，而应该担负起缩小社会差距、矫正社会不公的手段"。在高校招聘人才的过程中，政府相关部门应当发挥监督功能，而不是在权力面前为了个人私利而置教育公平这杆秤不顾。

由于教师的工作对象是人，其思想道德好坏、教学水平高低直接影响到他（她）的教育对象的成长，直接关系到社会的发展与进步，因此，教师必须是优秀人才，是精英。在中国，要求教师有理想、有道德、有文化、守纪律，热爱祖国，热爱教育事业，爱学生，富于献身精神；具有适应工作要求的专业知识和能力；具有实事求是，独立思考，不断追求新知识，勇于创造的科学精神，具有正确的世界观和教育思想，掌握现代教育内容、方法和技术，善于从事素质教育。[4]2,3国外大学对教师职务聘任条件都有明确规定。在美国，要求教师敬业乐业，热爱儿童和青少年，乐于帮助学生，富于利他主义精神；充分认识到教育工作的社会意义和长远价值，有强烈的社会责任感；有良好的修养，有和谐的人际关系，有得到进一步发展的个性——拥有丰富的学识，达到较高的教育水平，尤其应该在所要任教的学科领域学有所长；具备行为科学和人文科学方面的知识，有能力向学生提供全面的指导，尤其是提供智力上的启迪；善于对教学目的、过程和方法进行思考，善于运用各种教学艺术，并具有创新精神。[5]26在日本，爱知工业大学教授聘用条件是，具有博士学位，5年大学副教授经历，教学研究业绩突出。日本高校每隔3—4年要对教授、副教授进行一次"业务审查"，不合格者将被解聘。[6]

笔者认为严格的招聘程序应该是：（1）明确进人标准。高校根据专业学科发展及其管理需要，通过专家委员会讨论，制定用人标准。这个招聘人才的标准，无论是对校内还是校外的人才，都必须是一样的，不得有倾向性或照顾性。（2）发布公告。通过报纸、杂志、电视等新闻媒介面向全国乃至全世界发布用人公告，公布拟聘岗位的条件和具体要求、待遇等，不得在小范围内进行。有意应聘者都可以将有关材料送至指定部门，并向本校教职工和社会公布。（3）专家筛选。这个专家委员会的组成也必须是学术至上的，专家是经过推选、公示的，合格的"专家"。除了向专家组提供必需的材料，参加面试的人选要在招聘委员会上进行演讲、答辩，招聘委员会根据面试的情况投票，当场向应聘者告知投票情况。在这里，学术权力是学校的最高权力，绝不能由行政权力操纵学术或轻易改变学术权力做出的决议。（4）公示。拟聘用人选必须向全校和社会公示，必要时要公布其可能导致疑问的、与聘任相关的社会关系。公示时间不可太短，也不能在节假日期间而导致关心的人不知道。（5）决定聘任和履行聘任手续。"决定"的前提是专家组的意见，然后才是相关程序。

（二）创造环境，完善体制机制，吸引人才，留住人才

吸引人才、留住人才的关键在于改革用人体制和机制，并提高教师的社会地位和经济待遇，创造人才成长环境。建立健全体制机制，严格措施，规范管理，这样可以避免伯乐自身的偏颇之处。人才首先是人，人是有需要的。美国心理学家马斯洛把人的基本需要归纳为生理、安全、交往、尊重和自我实现五个等级，由低到高逐级形成和发展。"人才"是有着较强能力和较高自我意识的群体，他们在前三项需要得到基本满足后，便强烈地要求被尊重和充分地实现自我价值。他们要求充分发挥自身潜能，极欲实践与自己最大能力相称的工作。有能力的人总是自然地向那些工作报酬优厚、更尊重人才、更能充分实现自身价值的单位流动，以保证自己社会地位的不断提升、人生价值的不断实现。[7]高校教师队伍的管理中获取人才的途径不外乎两种：外

部挖掘和内部培养。不能仅用高薪吸引了一批外来的人才，同时又因为待遇不公等"气跑了"一批现有的本校优秀人才。因此，也应注意做好现有人才的职业生涯管理。同时，要建立良好的人才激励机制，通过科学合理的绩效考评和薪酬、福利政策进行人才的激励，充分调动人才的积极性。

国外的经验和现实值得借鉴。第一次世界大战前，作为世界经济增长的重心，英国"生产"了牛顿、麦克斯韦、法拉第、洛克、亚当·斯密等一大批伟大的科学家、哲学家和经济学家，他们充分发挥创造性，做出许多新发明、新发现。他们的贡献不仅有力支撑了当时英国的经济增长，而且影响了整个人类社会的发展。第二次世界大战前后，美国采用各种手段和方法，吸收世界各地大批优秀人才，使爱因斯坦等20世纪的科学泰斗也都移居美国，美国获诺贝尔奖的人数居世界首位，世界经济增长的重心也随着大量创造性人才的到来而移向美国。英国历来有尊师的传统，教师社会地位较高，与一般的白领职员相比，英国中小学教师的经济收入居中等偏上水平。在乡村，由于教师职业受尊重，经济收入较高，教师往往是很多年轻人向往的职业，尤其是年轻女性。[8]74, 75在瑞典，教师社会地位高，教师职业道德高尚。但由于教师工资偏低，教师队伍难以稳定，找到其他职业的教师几乎都改行，教师流失现象比较严重。[9]157-160在美国，教师的职业地位低，工作待遇低，工作条件差，工作压力重，因此该职业未能吸引优秀人才加盟。而且，美国社会中有一种普遍观念："你越聪明，就越不可能成为一名好教师"，大学和地方学区都不鼓励学业优秀的学生从事教师工作，这是美国教师学术水平低的一个决定性因素。[5]26这些不能不给我们一些启示，那就是要保证教师队伍人才的优秀性，必须改革用人体制和机制，创造软硬环境吸引人才和留住人才，并使人才有条件、有机会充分发展，实现自己的个人价值和社会价值，也要确保教师的社会地位和经济待遇，使教师职业真正成为令人尊敬与羡慕的职业。

参考文献：

[1] 李宗陶：《北大人事改革：利益与理性之争》，《新民周刊》2003年7

月22日。

[2] 李猛:《如何改革大学——对北京大学人事改革方案逻辑的几点研究》,《书城》2003年第8期。

[3] 张楚廷:《张楚廷教育文集第三卷：教育哲学卷》,湖南人民出版社,2007,第577、582、584页。

[4] 陈永明:《我国的师范教育》,见陈永明主编《国际师范教育改革比较研究》,人民教育出版社,2003,第2~3页。

[5] 石伟平:《美国的师范教育》,见陈永明主编《国际师范教育改革比较研究》,人民教育出版社,2003,第26页。

[6] 周春燕:《教学科研型大学教师岗位聘任研究刍议》,《中国人力资源开发》2009年6月号总第228期,第102~105页。

[7] 丁建新:《论人才的三重含义》,www.tongzhou.gov.cn,访问时间:2008年3月25日。

[8] 邢克超:《英国的师范教育》,见陈永明主编《国际师范教育改革比较研究》,人民教育出版社,2003,第74~75页。

[9] 黄志诚:《瑞典的师范教育》,见陈永明主编《国际师范教育改革比较研究》,人民教育出版社,2003,第157~160页。

现行师范生免费教育政策值得改进

　　教师教育是否公费与执政者的认识有关，与国家财政支付能力无必然联系。我国现行师范生免费教育政策给予免费师范生"在读免费、就业保障、简化读研"的优惠政策，是对免费师范生的特别关爱，也是对其他大学生的不公平。"强制服务一定年限"和"服务期内不准考研"，是对免费师范生的"义务绑定"，是对他们的不公平。师范生免费教育政策还附带反向歧视及其他一些不公平，并且达不到政府设计该项政策的预期目标。因此，现行免费师范生政策值得商榷。

　　国务院决定从2007年秋季入学的新生起，在北京师范大学、华东师范大学、东北师范大学、华中师范大学、陕西师范大学和西南大学六所部属师范大学实行师范生免费教育。采取这一重大举措，"就是要进一步形成尊师重教的浓厚氛围，让教育成为全社会最受尊重的事业；就是要培养大批优秀的教师；就是要提倡教育家办学，鼓励更多的优秀青年终身做教育工作者"（见《教育部直属师范大学师范生免费教育实施办法（试行）》，[1]以下简称《办法》）。

　　《办法》对免费师范生给予"在读免费、就业保障、简化读研"三方面优惠：（1）在读免费。《办法》第二条："免费教育师范生在校学习期间免除学费，免缴住宿费，并补助生活费。"（2）就业保障。《办法》第五条："有关省级政府要统筹规划，做好接收免费师范毕业生的各项工作，确保每一位到中小学校任教的免费师范毕业生有编有岗。"（3）简化读研。《办法》第七条："免费师范毕业生经考核符合要求的，可录取为教育硕士专业学位研究生，在职学习专业课程，任教考核合格并通过论文答辩的，颁发硕士研究生毕业证书和教育硕士专业学位证书。"笔者认为，这些对免费师范生的优惠，是对免费师范生的特别关爱，却是对其他大学生的不公平。

《办法》第七条规定："免费师范生毕业前及在协议规定服务期内，一般不得报考脱产研究生。"《办法》第五条规定："免费师范毕业生一般回生源所在省份中小学任教。"《办法》第四条规定："免费师范生入学前与学校和生源所在地省级教育行政部门签订协议，承诺毕业后从事中小学教育十年以上。到城镇学校工作的免费师范毕业生，应先到农村义务教育学校任教服务二年。免费师范毕业生未按协议从事中小学教育工作的，要按规定退还已享受的免费教育费用并缴纳违约金。省级教育行政部门负责履约管理，并建立免费师范生的诚信档案。"笔者认为，这些规定阻碍了免费师范生的发展，是一种不人性化的"义务绑定"，[2] 是对这些大学生的不公平。

笔者赞同陆道坤在回顾了近现代我国师范教育的学费制度以后提出的观点：坚持公费制与执政者对师范教育的认识水平有关，与财政支付能力无必然联系。[3] 本文从公平的视角，以政策分析的方法，对我国现行免费师范生政策的相关条款进行深入考察和论证，认为这种政策大有值得商榷的地方。（注："其他大学生"即免费师范生以外的其他各级各类大学生，或可统称为"非免费师范生"，包括部属师范大学的非师范生，部属非师范类大学的师范生、非师范生，非部属大学师范生、非师范生。）

一、对免费师范生的特别关爱，是对其他大学生的不公平

（一）部属大学在校/毕业师范生获得的特别待遇，是对部属大学"非师范生"的不公平

同样是部属大学，"师范"与"非师范"只是修读专业不同，最后可能导致分工不同而已。如果因为修读专业不同或者未来承担工种不同，而要对部分专业的在读生（毕业生）进行"补偿"或"优惠"，就当然不只是"教师"，还有很多专业甚至更加特殊，更加需要"重点关照"，如关系到国家安全与对外关系的，关系到对内关系的，关系到保卫人民生命与健康的，关系到国家

科技进步与核心竞争力的，就业环境和工作性质可能导致就业者生命危险和健康危害的，一些其他"关键专业""特殊专业"，或面向未来"艰苦行业"的，等等。因此，如果部属师范大学师范生获得相关"补偿"或"优惠"，那么所有部属大学各专业的学生（只要理由成立的）也应在此之列。

事实上，在部属大学，师范生就业往往本来就比非师范生具有更大的优势。一方面，正因为是来自部属大学，这些师范生不少本来就可以到非师范行业就业（一直以来，部属师范大学毕业生就有很多毕业后"改行"的，事实上，现有许多"免费师范生"就业政策相当"灵活"），也就是说，师范大学毕业生相比于非师范大学毕业生，多了一种可以优先在教师职业就业的选择，而且即使（按照政策规定）在中小学校就业，也往往主要是在城市（《办法》并没有也不可能反对免费师范生在城市就业，事实上，《办法》适用的人群将来"完成规定服务期后"也必然大多在城市就业）。另一方面，国家重视教育，社会普遍重视教育，教师社会地位高，工作稳定可靠，所以当教师，尤其是在城市当教师，是一种很不错的选择，这从"应者如云"的教师应聘现场足可以得到证明，应聘者很多就是来自部属大学（师范或非师范）的研究生、本科生；在"大学生就业难"的现代社会里，面对日益增加的就业压力，部属师范大学的师范生，也具有相当大的就业优势，即使是在较发达的城市，他们也较好就业，至少远远好于普通院校师范生，因此，即使没有优惠条件和鼓励政策，部属师范大学照样成为高考考生报考的热门。

同是部属大学，如果对师范生"优惠"，对非师范生从事教育工作不优惠，就是不鼓励非师范生从事教育工作。这和《中华人民共和国教师法》第三章第十五条"……国家鼓励非师范高等学校毕业生到中小学或者职业学校任教"相冲突。[4]事实上，世界上独立存在的师范大学是一定历史时期的产物，我国的师范大学尤其是部属师范大学也只是教师紧缺时期的特定产物。世界上高层次的师范教育都是在普通大学教育的基础上再实施教育职业课程以培养高技能、专业化的教师来实现的。[4]在中国，无论过去、现在还是将来，各个层次的教师都有很大比例来自非师范专业，对于技术性大学，尤其是职业技术学院，事实上更要求教师来自非师范大学。

（二）师范院校师范生在校生、毕业生"部属"与"非部属"的待遇差别，是对"非部属"大学师范生的不公平

由于我国一直以来所采取的高考的方式方法存在一定的局限性（不完善、不科学），由一次性高考成绩确定终生的做法原本就是不公平的。因为仅凭高考中的几分之差，就区分了考生进入的大学的部属与非部属，而进入部属师范大学，就享受了比其他学校师范生更加优质的教育资源，似乎就获得了更大的成就，也就享有更好的声誉，直接有利于就业与未来发展。然而本质上，大学的层次并不是将人划分为三六九等的依据，而主要是进行人才分类培养的场所和方式不同，因为有的人擅长动脑，有的人擅长动手；有的理性，有的感性；有的人适合从事科学研究——基础理论、应用理论和技术开发，有的人适合从事生产一线的技术与管理；等等。国家的发展，社会的进步，需要多种多样的人才，如今，我们的高水平技能型人才严重缺乏，就是分类培养不够导致的，现在我国倡导地方院校办技术学院，就是看到了问题的症结所在。工种的区别，贡献的大小，与学生就读的专业及其学校层次没有必然的联系，过分偏爱部属大学学生不利于社会人才全面发展。

事实和经验表明，相对于全国近100家招收师范生的院校，部属师范大学招收的师范生非常有限，而且部属师范大学的师范生毕业后服务基层的概率很小，而省属和地方师范院校的师范生才是改善边远地区、贫困地区农村中小学教育质量的主体。老少边穷地区的教育事业是有赖于非部属师范院校的学生来承担的。因此，如果要"补偿"或"优惠"，首先是他们（非部属大学师范生）应得。因为，第一，由于现有部属师范大学培养的师范生数量极其有限，且其培养的学生，来自边远地区、贫困地区的比例很少，即使都"回家乡"，也远远不能满足"家乡"基础教育的需求。第二，由于是"部属"，即使是师范大学的学生，在就业上也比"非部属"院校很多类大学生有明显的优势，于是有相当一部分部属师范生到非教育领域就业，且即使留在教育行业，也大多在大中城市，而到农村中小学就业的微乎其微。第三，地方一般院校的师范生，大多来自农村和边远地区，他们有家乡情结，爱家乡，希望通过自己的努力，为培养下一代、建设家乡、改变家乡面貌做出贡献，因此，到家乡从事基础教育，他们下得去，留得住，安心、专心，他们才是愿意长期甚至一辈子扎根家乡、坚守基础教育第一线，把教育作为终生事业并孜孜追求的主力。经过大学生活，他们的素质与能力也足够让他们成为一名合格的基础教育人民教师。第四，国家特别实施师范生免费教育政策的本意是振兴农村教育，既不在于扶贫（"扶贫"的相关责任已有国家统一的"奖、助、贷、补、免"等政策），也不是旨在惠及部属师范大学的师范生，政策的落脚点应该就在服务农村基础教育的师范生身上，无论这些师范生来自什么层次的师范或非师范大学。

二、"就业保障"和"简化读研"是对免费师范生的偏爱，即是对他人的不公平，也必然降低人才培养质量

对免费师范生实施"就业保障"可能使师范生安于现状。"免试读研"并"主要考核教学工作"就是"简化"读研。"就业保障"和"简化读研"这两种做法常常大比例地发生在同一个人身上，除了是对他人（非免费师范生）的不公平，还会降低免费师范生人才培养质量，甚至影响基础教育质量。

（一）"就业保障"不利于免费师范生在竞争中发展成长

在现代社会里，年轻人大多是注重享受的一代，往往浮躁，吃不得亏，沉不下来。免费师范生享受"就业保障"，就是毕业后在不需要选择竞争的条件下就已经确保就业，使大学生进了大学校门就意味着端起了今后的"铁饭碗"，进入了保险箱，没有了后顾之忧。这样，大学生就可能安于现状，不思进取，减少学习压力，降低学习动力，丧失发展的积极性。调查显示，60.4%的免费师范生信奉60分万岁、毕业就好的观念，学习目标不明确，缺乏学习动机，[5]这便是证明。

特别地，如果不是真心喜欢教育事业，其特长也不在教育，仅仅是因为家庭经济困难，无法支付高昂学费，被迫选择读公费师范的，尤其他（她）当初就对自己未来的发展没有信心，甚至"不知所措"，只有"先把工作找好再说"而选择公费师范时，他（她）如何做得到静下心来，把教育事业作为

一生的追求而努力学习？因为，已经签约做教师，而且（即使努力，也）不能轻易改变了，无论喜欢与否，已经没有了退路，甚至看不到其他（"更远大的"）希望。如果确实不喜欢，就可能只会混，反正有编有岗，就业有保障，学习上何必再上进？这样，他（她）真的能学好吗？在社会竞争，尤其是就业竞争十分激烈的当今，这就是对其他大学毕业生的不公平。因为其他大学生未来要面临更多更强的就业竞争对手，他们自愿或被迫地、自觉或不自觉地拼命学习，努力奋斗。

　　这也会使一些不热爱教师行业的毕业生钻政策的空子。在市场经济条件下，大学生的就业压力特别大，可能会有同学本身不愿从事教育，只是为了暂时逃避激烈的竞争环境，选择了师范。在这种情况下，就很难保证师资的质量。所以，这种制度设计，不利于有效地发挥公费的激励作用。[6]不利于"培养未来教育家"。在现今中国的教育制度中，教师"上下"机制不完善、不规范，如果免费师范毕业生思想品质不合格，或者教育教学水平不过关，想叫他（她）退出教师行业（如果他/她自己不愿意）往往是很难的事，这就会害了受他们教育的学生。这样"培养人才"，也是本就不足的教育资源的不必要浪费。而这种浪费是人为制定的政策所引起的，是不应该的。

（二）"简化读研"必然降低免费师范生读研的培养要求

　　《办法》对于免费师范生读研的规定中，多处体现了"简化"和低要求，因此笔者称之为"简化读研"，如，《办法》之二：免费师范毕业生到中小学任教满一学期后，均可申请免试在职攻读教育硕士专业学位，经任教学校考核合格，部属师范大学根据工作考核结果、本科学习成绩和综合表现考核录取；之三：课程学习主要通过远程教育和寒暑假集中面授方式进行；之六：教育硕士研究生课程考查与考试可通过调查报告、课程论文、教学设计、教学视频和笔试、口试等多种方式进行……。将免费师范毕业生在中小学教育教学工作岗位的实际表现作为教育硕士研究生成绩考查的重要内容。

　　"学位"是一种学术水平的标志，关系到人才培养质量，不允许稍有马虎。过去，我国授予硕士学位的学校并不多，如今，我们的研究生考试参加的人员很多，而录取的比例也并不大，就是要讲质量，既严格把好入门关，又把好过程和出口关。很明显，上述种种规定是明显降低免费师范生读研直至毕业的要求的，这既不符合人才培养要求，更是对其他研究生培养工作的不公平，还是对文凭的滥用。

研究生文凭不是奖励证书，更不是赠品，其学历证书和学位证书不是你的"教学工作"态度好，加上教学水平还不错就可以（附带）给的。"任教考核合格"与研究生培养目标与内容有质的差别。"任教学校考核"情况没有资格作为研究生考核依据，"工作考核"不属于研究生读书考核主要范畴（这里却当作了核心指标），"教学视频"可能只是集体贡献，更多的是"集体表演"，不能作为考核依据……

实际操作上，已有（教育部）"最高指示"支持、不需经过入门考试、"在职"进行的硕士培养，可想而知，其培养过程和毕业的要求是要大大降低的，甚至可能还会有人担心不让他们（轻易）毕业还会违反上级要求。再说，边远地区农村中小学连高级教师都没有，谁能担当这批"高材生"的导师？广大落后的农村连网络都没有，怎么实行远程教育？又正因为是降低了要求的在职培养，由于大家"都是统一（同一）战线上的"，"低头不见抬头见"，今天是师生，明天是同事（甚至现在的年轻人日后是直接领导），谁去监管这个"培养"过程？谁去评价、如何评价这个"培养"结果？

当教师的学历、学位和职称主要是用来作为教育评估的"指标"，是主要用来展示的表面上的"比例"，而不在于教师教育专业化和确保教育质量，更不是素质教育、全面发展、终身教育的一部分的时候，硕士文凭拿来干什么？退一步说，农村基础教育，是否一定要这个"水分充足"的"硕士"文凭？或者仅仅是将来"走出农村中小学"或转行时用的"光环"和进入城市教育行业的筹码？如果这样，又能否导致人们对这个文凭的轻视？或者，这个文凭的使用又会给社会带来多少不公平？

三、"不准报考研究生"和强制服务制度妨碍了学生发展

《办法》第七条规定："免费师范生毕业前及在协议规定服务期内，一般

不得报考脱产研究生。"《办法》第五条规定:"免费师范毕业生一般回生源所在省份中小学任教。"《办法》第四条规定:"免费师范生入学前与学校和生源所在地省级教育行政部门签订协议,承诺毕业后从事中小学教育十年以上。到城镇学校工作的免费师范毕业生,应先到农村义务教育学校任教服务二年。免费师范毕业生未按协议从事中小学教育工作的,要按规定退还已享受的免费教育费用并缴纳违约金。省级教育行政部门负责履约管理,并建立免费师范生的诚信档案。"具体到湖南省,省教育厅2012年发布的《湖南省关于教育部直属师范大学免费师范生违约处理办法(试行)》规定:"依据《师范生免费教育协议书》,免费师范生毕业后有下列情形之一的,认定为违约行为:(1)不履行《师范生免费教育协议书》约定的义务,拒绝到中小学从事教育工作的;(2)从事中小学教育工作未满10年且未经教育行政部门批准,擅自离开中小学教学岗位的。违约者退还免费教育费用,并缴纳违约金。《违约处理决定书》和《违约处理结果通知书》存入本人人事档案,违约处理结果在湖南省毕业生就业网上公布。"省教育厅2012年发布的《湖南省关于教育部直属师范大学免费师范生违约处理办法细则(试行)》规定:"免费师范生毕业后不履行《师范生免费教育协议书》约定的义务、拒绝到中小学从事教育工作的,由湖南省教育厅依据《师范生免费教育协议书》做出违约处理决定。""免费师范生毕业后从事中小学教育工作未满10年且未经任教学校的主管教育行政部门批准、擅自离开中小学教育岗位的,由其任教学校的县级以上主管教育行政部门依据《师范生免费教育协议书》做出违约处理决定。"

笔者认为,这样的强制制度妨碍了免费师范生的发展,是对他(她)们的不公平。让一个不热爱教育的人从事教育工作,无论是对于教育事业,对于受教育者,还是教育者本人的发展,都是不利的,也是对稀缺师范教育资源的极大浪费。教育为了人,教育的目的在于发展人的可发展性,使每一个人都能全面发展、个性发展、特长发展,如今,随着认识的不断提高和理念的不断改进、完善、科学、正确,我们甚至还提倡和崇尚生命教育。因此,教育是建立在尊重人、发展人的基础之上的。那么,首先就应该尊重人的自由和自愿选择,包括读书的专业选择和就业职业的选择。一项职业的吸引力更多地应该体现在能否为就业者未来发展提供支持而不是限制。那些以某些优惠条件为引导，使人因外部原因改变自己的选择的做法（甚至有的是因年少无知而被"误导"），本来就是不人道的，当然也是不公平的。

不允许报考脱产研究生实质上就是不允许免费师范生通过个人努力脱离现有教师岗位，从而改变自己的命运，实现自己可能在教师岗位以外的更高人身价值与社会价值。这必然导致人才的压制和浪费，也是不人道的。免费师范生都是高考中的佼佼者，通常也都是优秀人才，有不少在本科毕业以后，经过继续学习，特别是科学研究训练，可能成为其他领域的高级创新人才，这对国家乃至世界可能都是巨大的贡献，也充分实现了大学生的个人和社会价值。经验告诉我们，有的学生通过大学学习后发现，当教师不是他（她）的强项，或者不是他（她）的爱好，因此对他（她）来说"改行"是必须的。如果不改行，工作也不卖劲，自然也就不可能出色，或者即使努力了，在教师这个行当上仍然发挥不出他（她）的特长，展示不出他（她）的才能，这是对自己前途的浪费和不负责任，也必然导致对受他（她）教育的学生的不负责任，就是对他（她）所教育的学生的不公平。这种对待人才的制度设计与我们一直在说和致力在做的"尊重人才，尊重知识"的宗旨背道而驰，与国家所致力倡导的"创造条件让优秀人才脱颖而出"的各种政策措施相矛盾。

强制性的服务制度使这些尚未上大学、还没有能力清楚了解教师职业真正意味着什么的年轻人，在根本不知道自己会不会热爱教育事业之前，就被强行地规定在未来十年都从事这项工作，必然使一些学生产生被强制的感觉，如果这些学生的确是不愿意从教的，这些被剥夺选择自由的学生很难真心热爱教育这项伟大的事业。他们如何安心落户，专心从事农村基础教育工作？何谈"以振兴教育为己任"？大学4年后，有的本来可以有其他更好的发展前途，有的可能成为我国教育的高级人才，却被强迫到农村当中小学教师。他们毕业后的前途就是"扎根"农村基础教育。由于不是自愿的，对工作缺乏热情，在农村又看不到（他们自己、家人和社会可能希望看到的更远大的）希望，加上目前边远贫困地区优秀教师缺乏，使得教师教学和学生管理任务繁重、压力大，还要成家立业，赡养父母，等等，他们很多经过磨炼后已经不再是优秀的了，更谈不上将来成为教育家，有的甚至就会混日子，得过且过。

教育是需要投入大量感情的，真正的教师专业化也是在教育实践中进行的。如果不是因为爱好、特长而立志长期甚至终身从教，仅仅因为贫困或贪图其中某些优惠而选择免费师范生教育，是对教育的危害。因为，教师的黄金时期在从教8—10年之后，国家花费大量的金钱和教育资源培养部属师范大学学生成为教师，正好大用的时候走人了，是对教育资源的浪费，也是对人才自己的不负责任；一个新手的短暂"支教"对农村基础教育质量不利，走马灯似的教师更换是对农村基础教育的不负责任。事实上，只是为了完成已经签订的服务期限，而不是作为自己愿意为之奋斗一生的职业去做一段时间（二年）的教师，并不可能使教学工作专业化，当然就不会安心。他（她）可能还会在工作之时一边想着退路，甚至一直就在为那些"退路"而"做副业"。流水服务西部学校，仅仅2年而已，一个新手一届初中学生都带不完，再高的水平，也看不到成果，如何让人相信每个人都尽到完全的责任？

陕西师范大学某课题组的问卷调查表明，50%多的师范生入学时选择师范专业，就是奔着免费而来的。其中不少人是迫于家庭经济和就业压力，以牺牲自己的专业兴趣为代价，四年时间用来学习自己不感兴趣的专业，毕业后还要从事自己极不情愿的职业，这无疑是对学生身心的摧残，违背了教育的规律，如果这样招来的是不热爱教师职业的学生，对国家来说是经费投入的损失，对学生来说是他们一生的损失。[7]

对违背制度者纳入诚信范畴，这样的协议，无论从人情还是从法理上来说，都不公平。调查也显示，有28.78%的公费师范生愿意冒违约的风险改变行业。[8]正如全国人大常委会委员、民进中央副主席朱永新教授所说的："我在调研时发现，有些高中生稀里糊涂报了个免费师范生，一进学校发现不是那么一回事，已经没有办法改变了。"[9]

四、免费师范生政策的实施可能导致反向歧视或适得其反

（一）可能导致特别优秀的学生因被吸引去报读免费师范从事基础教育而浪费人才

首先，笔者并不赞成特别优秀的顶尖学生将来从事教育工作，至少不应

该从事基础教育工作。特别优秀的学生是否应该做教师，特别是农村基础教育教师，是一个值得深入研究的重要问题。笔者认为，教师是"普通知识＋学科专业知识＋教育教学技能＋教师思想道德素质"的结合体，农村基础教育教师不需要过高的学历学位和科研水平，甚至不需要来自部属重点师范大学。特别优秀的顶尖学生，因为被免费师范生政策的吸引而担任农村基础教育教师工作，是一种大材小用、人才浪费，可能导致真正高水平人才的丢失，对这些学生自己和国家，乃至世界都不划算。因为，那些顶尖的优秀人才，通过进一步地学习——硕士、博士，经过必要的研究训练和实践锻炼，可能成为了不起的科学家和杰出的管理人才，或者他们带领的科学研究或管理团队可以在科学上、管理上做出更加体现他（她）的能力与特长的更大的成就，这对国家乃至世界，都可能是更大的贡献。美国社会中就有一种普遍观念："你越聪明，就越不可能成为一名好教师"，大学和地方学区都不鼓励学业优秀的学生从事教师工作。[10] 其中必然含有"让最优秀的年轻人未来做出更大的贡献与成就"的含义。

（二）可能使致力于教育事业又较优秀的学生没有机会进入部属师范大学

"高考成绩代表一切"的现今单一的高考考核选拔方式，使得被免费师范生政策盲目吸引而选择部属师范大学的高分学生占去了一部分名额，而这些人中很多原本并不热爱教育事业，其特长与兴趣本就不在农村基础教育，也不计划将来长期从事农村基础教育，这就导致不愿意、不甘心从教的当了老师，占了名额。而很多因为高考成绩稍低几分，却特别爱好基础教育、特长也在基础教育，并致力于终身从事基础教育（事实上也的确优秀）的人才没有机会进入部属师范大学。他们并没有考虑有否政策吸引，无论他们贫困与否。也许他们的家庭经济条件本来就可以，不需要、不要求优惠，也许他们的经济条件并不优越，但他们并不是或从来没有想过优惠，纯粹是兴趣、爱好、志向。其中还有一部分人就是这样计划的：考上部属师范大学就终身从教，否则就另报其他学校、专业"赚钱去"。显然，从这个角度来说，这种"优惠"和"吸引"，对于那些从小受过较好的基础教育，具有较强的教师综合素质且有教师职业志向的学生是不公平的。他们仅仅会因为几分分数不够而不被录取，放弃自己喜欢的师范专业，仅仅因为高考成绩不够而把具有教师专业情感和专业潜质的学生拒于师范大学的门外，对国家而言，这是对人才的极大浪费，对那些乐教的学生来说，他们在教育起点上受到了不公平的待遇。这种政策"吸引"他人而被占去名额所丢失的才是真正的教师人才。

（三）可能导致原本志愿做教师者因为免费政策而放弃报考部属师范大学甚至不读师范

笔者一直赞赏"走自己的路，让人家去说"，这是有主见又有实力的人的果敢行为，的确也有不少人因此做出了成绩，在提倡创新创业的今天，这种精神尤其可贵。然而，文化和传统是必须尊重和传承的，往往也是不能轻易回避和逃脱的。人是社会的人，人不可能离群索居，人走不出社会与环境，躲不过身边舆论。俗话说"唾沫淹死人"，就是说人不得不在乎旁人的说法或眼光，现今中国，尤其是在贫困地区、农村地区，尤其如此。

人们有一种普遍的感觉或认识基础："因为实际没有得到重视才会需要通过政策倾斜和社会呼吁来给予重视。"现行师范生免费教育政策，具有"在读免费、就业保障、简化读研"等优惠或补偿措施，吸引力可谓足够大的。正因如此，一部分人不愿意背负这种"负担"，因为，他是纯粹自愿、立志做基础教育教师才报考师范大学的，无论贫困与否，即使真的贫困，他没有关心过是否有优惠；更何况，如果仅仅因为贫困，他可以读一个将来高薪的专业，足够短期内偿还读书花费，并很快借此脱贫致富。然而，因世俗的眼光、身后的话语（"他是因为家庭贫困才读免费师范生的"），事实上，免费更多地也是被理解为对贫困生的吸引，而不是对优秀生的吸引；"他是安于现状，不敢面对就业竞争才做基础教育教师的"，因为就业有保障。更加可怕的是，"回生源所在省份中小学任教"，"服务期内不得报考脱产研究生"，这是硬性规定，谁知道你是自愿去的？人家会认为，你是"享受"了优惠，"对等付出"的，因此，从事农村基础教育，你是被逼无奈的。于是，这种政策反而可能导致原本志愿做教师者放弃报考部属师范大学甚至不读师范，仅仅因为他们心理上感到"不爽"。这样丢失的人才才是真正的基础教育人才，可以说是政策不足导致的。

（四）可能导致部属师范大学因招收免费师范生而降格降质

在我国，部属师范大学属于研究性大学，一直以来是培养高中以上教育的教师队伍的主要来源。笔者并不反对这样的观点：大学专业课程教学的师资主要应来源于综合性大学，最好还要有科学研究经历、实践操作和项目管理经验。一直以来，我国高等学校教师，特别是公共课、基础课、专业基础课教师，大多数来自部属师范大学，历史和经验已经证明，这些大学的师资、设备条件、软件环境，也足以承担这个关系未来的重大使命。

一方面，当部属师范大学致力培养面向农村基础教育的教师的时候，它不得不重新认识它的培养对象，不得不重新设置它的培养目标，也就不得不调整它的课程设置、课程内容、教育教学模式与方法。义务教育教师所需要的科研水平、专业知识是远远不如研究性大学学生的。部属师范大学本来是培养国家高级教育人才的，可是现在要他们培养农村中小学教师，[11]这就必然要求他们把研究型大学办成适应农村的基础型大学，其实是把这些大学变成中师，即刻转型，它能够完成这样的任务吗？事实上，从农村教育来说，因为这些学生学的东西和农村中小学教育非常不适应，主观上他们又是被强迫到农村的，工作必然做不好，结果农村教育同样搞不好。

另一方面，当整个社会都知道这些大学"就是培养基础教育教师的学校"的时候，它是否就被看作中师学校？它们不再被看作是重点大学，优秀生源哪里来？谁还会优先报考这样层次的学校？是否就是贫困生而已（并不一定是优秀的）？这就是免费师范生政策导致的部属师范大学的降格和降质。他们与其他师范院校没有区别，甚至在层次上低于其他普通院校，因为部属师范大学培养的"中师生"（被政策规定而逼着）去从事基础教育，而普通院校的大学生则理所当然地填空——去高中以上层次（特别是大学）执教。部属师范大学成为中师学校，高层次学校教师由哪里培养？大学教师哪里来？这无疑地会直接导致中国教育的高级人才缺乏，后果是严重的。

（五）助长社会层级分化

教育作为改变社会分层的一个重要手段，是很多人改变自身命运的一个有效途径。由于免费师范生有"义务捆绑"，[2]不仅不能吸引学业优秀的学子投身教育事业，甚至贫困家庭的子女为了改变自己未来的生活，也会谨慎选择师范专业，因为，这种政策可能助长社会层级分化。现今，乃至不短的将来一段时期，做教师，尤其是担任农村地区、边远地区的基础教育教师，待遇是较差的，靠担任农村基础教育教师改变贫困家庭条件，是相当不容易的，如果仅仅从经济的角度，选择其他综合类高校，并凭借国家资助体系顺利完成学业，以后更能因知识为自己和家庭脱贫致富。在户籍制度森严的二元社会结构下的我国，很多农家子弟希望通过升学这个途径改变自身的农民身份和世代在农村生活的命运，主要就是要离开农村。但是如果按照已有的免费政策，如果学生选择了免费师范教育，那他毕业后就要回到农村教书，这种政策泯灭了学生（特别是农村学生和家庭经济困难学生）通过读书改变命运的初始想法，强化了社会分层的存在。[12]可见，要保证教师队伍人才的优秀性，必须改革用人体制和机制，创造软硬环境吸引人才和留住人才，并使人才有条件、有机会充分发展，实现自己的个人价值和社会价值，也要确保教师的社会地位和经济待遇，使教师职业真正成为令人尊敬与羡慕的职业。国外的经验和现实值得借鉴。英国历来有尊师的传统，教师社会地位较高，与一般的白领职员相比，英国中小学教师的经济收入居中等偏上水平。在乡村，由于教师职业受尊重，经济收入较高，教师往往是很多年轻人向往的职业，尤其是年轻女性。[13]在瑞典，教师社会地位高，教师职业道德高尚。但由于教师工资偏低，教师队伍难以稳定，找到其他职业的教师几乎都改行，教师流失现象比较严重。[14]所以，如果要给予农村地区、边缘地区服务的师范生适当照顾，对象应该是普通师范院校，特别是地方师范院校。事实上，根本解决问题的措施是确保西部农村教育教师的待遇，而不只是短期补贴。

参考文献：

[1] 教育部、财政部、中央编办、人事部:《教育部直属师范大学师范生

免费教育实施办法（试行）》，2007年5月9日颁发。

[2] 苏子川:《对师范生免费不应急于"义务捆绑"》，《新西部》2007年第6期。

[3] 陆道坤:《近现代我国师范教育的学费制度研究》，《复旦教育论坛》2007年第5期，第8页。

[4]《对部属师范大学师范类学生免费措施制订的建议》，http://www.zhuodadx.com/tonghb/cat20187.html，访问时间：2014年3月15日。

[5]《首届免费师范生面临抉择履行承诺还是背弃协议》，http://gaokao.eo.lcn/kuai_xun_3075/20100316/t20100316_457320.shtm，访问时间：2014年2月15日。

[6] 袁广林、袁鑫:《我国公费师范教育制度的弊端与完善》，《黑龙江高教研究》2011年第2期，第8~10页。

[7] 王璐、王根顺:《师范生免费教育政策的透视与反思》，《国家教育行政学院学报》2011年第8期，第28~31页。

[8] 刘宵等:《免费师范生政策实施中的问题与对策研究》，《现代教育科学》2009年第6期。

[9] 朱永新:《学习"村官"好榜样，改革免费师范生制度》，http://www.moe.edu.cn/edoas/website18/58/info1268215539249858.htm，访问时间：2014年1月11日。

[10] 石伟平:《美国的师范教育》，陈永明主编《国际师范教育改革比较研究》，人民教育出版社，2003，第26页。

[11] 何英:《窦瑞华：因贫只能读师范有违教育公平》，华龙网，访问时间：2014年2月3日。

[12]《关于免费师范教育发展的新话语》，http://www.hbrc.com，访问时间：2014年4月9日。

[13] 邢克超:《英国的师范教育》，陈永明主编《国际师范教育改革比较研究》，人民教育出版社，2003，第74~75页。

[14] 黄志诚:《瑞典的师范教育》，陈永明主编《国际师范教育改革比较研究》，人民教育出版社，2003，第157~160页。

链接：

免费师范生政策有待改善

华中师范大学党委书记马敏建议，免费师范生在招生形式、培养环节、就业和读研政策、学生应尽义务等方面亟待改进和完善。

马敏认为，国家可适当赋予6所高校自主招收免费师范生的权力，通过加强面试，了解报考动机，真正招收到有志从事教师职业的优秀高中学生；允许培养院校实行中期筛选制度，使免费师范生政策具有一定的开放性；适当调整免费师范生的读研政策，使之更趋合理化，适当解决师范专业学术性研究生生源质量下降的问题；适当调整免费师范生的就业政策，允许其在中西部跨省就业，促进人才在中西部地区的流动。

（《中国教育报》2013年3月8日，第2版，本报记者柯进）

免费师范生教育期待星火燎原（节选）

2007年3月5日，温家宝总理在《政府工作报告》中提出，在教育部直属师范大学实行师范生免费教育。经过4年多的探索，这项政策吸引了大批优秀学子攻读师范专业，到基层从教。在今年的《政府工作报告》中，温总理特意提到首届免费师范生全部到中小学任教，90％以上在中西部。在近日公布的《教育部2012年工作要点》中，教育部明确提出，要着力提高教师素质，扩大免费师范生计划，鼓励地方实施免费师范生教育。

委员关注：

全国政协委员、清华大学教授、博士生导师蔡继明：师范生免费政策应在地方重点推行。

有不少免费师范生被大城市、好学校截留。"这批到好学校工作的学生完全有能力还助学贷款，从这个角度看，国家对他们的投入有一点儿浪费。"

提案中，蔡继明认为，第一批免费师范生生源好、受教育的平台较高，日后的就业竞争力强。当他们发现外面的世界比基层的艰苦环境好太多时，势必会导致相当一部分学生流失和重新择业。他建议，免费师范教育还应该在省及省以下师范院校重点推行。这些学校毕业的学生更能安心于本职工作，有利于基层教师队伍的稳定。而教育部重点大学培养出的名牌免费师范生可以在毕业后，选择在某个时间去农村支教1至2年，而不是原来的10年。

一些县及县以下学校抢不到免费师范生。

一位河南某贫困县的教育局副局长曾抱怨说："国家推行免费师范生教育，目的是引导和鼓励学生长期从教、终身从教，到最需要教师的农村地区中小学任教。但现实情况是，他们下不到农村就被'拦截'了。农村学校是'剃头挑子一头热'。"

蔡继明委员：在中西部综合性大学试点发展师范教育。

国家对师范教育的重视和对中西部基础教育的支持，着眼点不应局限在师范院校内，可以试点在急需教师的中西部地区综合性大学和一般性大学发展师范教育专业，更有效利用现有教育资源，解决目前教师培养规模和形式过于单一的问题，更大规模地培养师资，吸引更多的人才到教师队伍中。

相对而言，省级及省级以下学校毕业的学生更能安心于本职工作，有利于基层教师队伍的稳定。教育部重点大学仍培养免费师范生，但要在毕业后，选择在某个时间去农村支教1至2年。

地方经验：

1. 新疆：师范类学生全面实现免费教育

政府免学费、住宿费、书本费、实习费，生活费还有助学金。

自治区为此出台一系列配套政策：免费师范生招生计划面向全区考生，定向就业的免费师范生计划优先招收定向就业地（州、市）的生源，优先招收"双语"教学重点推进地区的生源，以招收汉语言、民考汉和"双语"班学生为主。自治区设立免费师范生计划专项资金，全额承担免费师范生在校期间的学费、教材费、住宿费和实习支教等相关费用。

2. 河北：试点省属院校免费师范生培养

《河北省省属师范院校师范生免费教育实施办法（试行）》2011年6月出台，从2011年新生入学起，河北省在河北师范大学开展师范生免费教育试点工作，免费师范生实行提前批次录取，在校学习期间免除学费，免缴住宿费，并补助生活费。

　　河北省规定，免费师范生入学前应与就读学校和生源所在设区市教育行政部门签订协议，承诺毕业后从事县以下（含县城）中小学教育10年以上。

　　免费师范生就业采取"双向选择，组织安排为辅"的原则。各设区市教育行政部门负责组织用人学校和毕业生在需求岗位范围内进行双向选择，通过双向选择未落实就业单位的，由生源所在设区市教育行政部门根据县以下中小学师资需求状况统一安排就业。

　　3.广东：高校毕业生农村从教可退还学费

　　广东省从2008年起实施高校毕业生到农村从教上岗退费政策。凡是到广东欠发达地区农村中小学任教的高校毕业生，可享受"上岗退费"政策，按每人每年6000元的标准退还大学学费，服务期为5年，每年计划名额为1万名。

　　对于非师范教育类高校毕业生赴农村支教，还要求取得相应任教岗位的教师资格证书。高校毕业生按有关程序被录用后，必须在当地农村中小学任教5年以上，其间可在农村学校间流动，任教一年退一年费用。毕业生未按协议在农村从教的，停止退费，退还已领取的补助金额并缴纳违约金。

　　　　　　　　　　　　（《中国教育报》2012年3月12日，第6版）

大学生就业难：责任不在高校

　　大学生就业一直是政府关心的大事，也是社会大众热议的话题。"大学生就业难"，根本问题在哪里，主要责任由谁负，可谓仁者见仁智者见智，但有一个声音基本是一致的，甚至一边倒，就是指责高校：扩招"使人参变萝卜"，大学生贬值；专业设置不合理，导致人才结构失衡；课程设置及其内容选择不恰当，使学习专业与职业不对应；开设就业指导课不利，使学生求职技巧欠缺，不会找工作。学校教育与就业之间到底是什么关系？大学教育"就业至上"的办学理念到底对不对？大学生就业难的主要责任在高校吗？这些问题，需要从正义的视角进行深入剖析。事实上，"大学生就业难"是社会经济发展中一定时期的必然，其主要责任不在高校和教师，促进大学生就业的有效途径来源于政府和社会，当然，需要经济发展为前提，政府、社会、高校、学生共同努力。（本文中的"大学"指本科以上大学教育。）

　　大学教育面向未来培养全面的人，发展学生的可发展性，因此，大学教育不是就业教育，大学教育不是"人才结构失衡"的根源。高等教育扩招是国家发展与人民对教育的需求和经济社会发展的必然。大学教育按其自身的规律与特定的任务组织教学、培养人才，其课程设置与教学内容选择有理有据，不被就业所左右。大学担任一定的就业指导任务，但求职技巧不应成为大学生就业的竞争之道。大学从专业知识与技能等全面提升大学生的就业能力，但大学生就业难的责任不在高校。

一、高等教育扩招是国家发展与人民对高等教育需求的必然

一直以来，无论是各级领导、专家学者还是教育主管部门、高校教师，有许多抨击的声音在持续大叫，甚至直到今天，每每讨论高等教育质量，很多人一开头就这样指责：是扩招降低了培养质量。于是，在多方质疑，尤其是人大代表、政协委员的步步紧逼下，2008年10月9日，教育部发言人首次承认了扩招的失误，笔者对这样的判断和认识感到十分震惊。在笔者看来，任何国家政策，由于其涉及面大，无论事先调研多么深入，设计如何精心细致，也不可能尽善尽美，加上经济的、社会的基础与现状，以及执行中的不足，不可能不出现一些问题（如相关的机制与条件建设等），正如美国学者马丁·特罗所说，"在任何国家，高等教育所出现的问题，都是与它的扩展相关联的"。[1]2 在经济尚且不发达的中国办大教育，也就不能吹毛求疵，如果仅仅凭它带来的一些问题（何况一直在改善）就断定决策是错误的，这不符合历史唯物观。实践证明，高校扩招有力地促进了我国高等教育的跨越式发展，推动了我国高等教育大众化的历史化进程，群众接受高等教育的要求得到了相当程度的满足，催生了高等教育发展新模式、新格局，高等教育也受到社会的高度重视，高等教育用地和社会投入的大幅增加为今后高等教育的可持续发展打下了良好基础，高等教育为经济社会发展服务的能力明显增强。[1]2

事实上，高等教育扩招是国家发展与人民对教育需求的必然。首先，人力资源是第一资源、第一生产力，具有高水平专业技术的高素质大学毕业生是国家建设的主要人力来源，是建设现代技术体系的生力军，是社会和国家进步、发展的永恒动力。改革开放20年后的中国，经济快速增长，急切需求更多高素质专业技术人才，高等教育就应该适应经济社会发展需要扩大人才培养。其次，高等教育大众化是当代世界高等教育的重要发展趋势。美国1968年高等教育入学率就达到30.4%，日本1970年也为24%，而韩国1985年也达到34%，[1]6-7 在我国开始高等教育扩招的时候，美国高等教育毛入学率高达82%，加拿大高达102%，日、英、法等都在50%以上，菲律宾、印度等也在30%以上，世界平均也在14.5%，而我国仅为11%，[2]3 与发达国家相比，我国的高等教育非常落后，大学生资源严重缺乏，不能适应社会发展的需求。

第三，办教育，特别是办高等教育，需要经济社会条件为支撑。经过20年改革开放后的社会主义建设，我国的经济和社会基础有了较大改善，并且正在突破式地跨越式发展，我们有了逐步扩大高等教育的条件，更多地发现人才加以培养；可以通过扩招更大程度地满足人民对接受高等教育的需求，扩大教育公平，促进社会流动，使更多的人，特别是贫困的人通过自己的努力改变个人和家庭的命运，担负建设国家的大任。

高校扩招也没有错。国家高等教育扩招，任务当然落到高校肩上。何况，一步迟步步迟，教育发展竞争激烈，谁都希望有规模效益，这关系到学校的生存与发展，关系到教职员工的切身利益。甘于现状就没有未来，哪个高校敢不进取？高校倾其所有，调动一切积极因素为国家建设多培养人才，是值得肯定和鼓励的。当然，教育主管部门代表政府和国家意志，招生指标的制定应是有依据的，应当量高校之力而行，高校根据自己的实际情况申报，也要经过教育主管部门的审批。

许多声音在呐喊：扩招"使人参变萝卜"，大学生贬值，是扩招造成高校毕业生就业困难，这种观点也是错误的。经济学认为价格要与价值相符，否则，物以稀为贵，就会出现囤积居奇，这不是好事，甚至会破坏社会安定。人参如何普遍，它仍旧是人参，萝卜再稀有也不能是人参价，因为其价值不同，正如波斯湾的水再贵，也不会超过油。如果大学生本就是人参，他就一直会是人参，这是由他的价值决定的，不会因为多了就成了萝卜。姑且不说人参和萝卜各有功能，如果大学生都是"人参"，有多少地方"消费"得起？如果"人参"极少，多少地方想"消费"而能得到？再说，是个别人有人参吃，大家饿肚子好，还是大家都有萝卜吃好？认为扩招使大学生贬值，是一种过时的、典型的大学教育精英观，与广大人民群众对高等教育的普遍需求相矛盾。

换个角度，难道就只有高校毕业生有就业问题？这些年轻人是因为成为大学生才有就业困难的吗？如果他们不是大学生，比如，待在农村，甚至在深山沟里，他们就没有就业的问题了吗？因为读了书，成了大学生，就该定位在或被限制在一个特别狭小的"高端"就业区域？所以，首先还是认识问题，专注狭小的"高端"就业区，当然就会难。如果我们的眼光降低一点（这才是正常的），同时我们的区域（如农村与城市、沿海与内地）和行业、体制差别小一点，问题就会迎刃而解。

二、高等教育不是"人才结构失衡"的根源

这些年对大学生就业问题的研究中，诟病最多的就是"高校专业设置不合理，导致人才结构失衡"。笔者认为，这是没有深入认识高等教育，不了解高等教育的责任和真谛，把大学教育看成简单的职业教育，因而要求就业至上、"适销对路"，实践中便是把大学生当未来"技工"培养——在校进行短期对岗技能培训（而不是"教育"），要求现学现用、"上手快"，毕业后"按岗"就业，这样的高等教育是浅见的教育，也就必然是短命的教育。

事实上，"人才结构"本就不是高等教育用语，大学教育也不是"人才结构失衡"的根源。学校教育是根据一定的社会要求和受教育者的发展需要，有目的、有计划、有组织地对受教育者施加影响，以培养一定社会（或阶级）所需要的人的活动。[3]3 "培养"就是使学生掌握系统的科学文化知识和技能，形成思想品德，健全体魄的过程。[3]4 高等教育有其自身的规律与特定的任务——培养德才兼备的高级专门人才，促进和推动国家建设和社会发展。[4]37-38 因此，裴斯泰洛奇主张"教育在于使人的各项能力得到自然的、进步的与均衡的发展"。[3]60 人的全面发展，就是发展自己的一切能力，首先是人的体力和智力得到充分和自由的发展和运用，其次是人的道德品质和美的情操的高度发展。[4]49-50 把大学教育正确定位在自由教育、素质教育、全人教育，充分关照大学生的未来可持续发展，重点考虑学生未来的广泛适应性，工作的可转换性，淡化专业，也就不存在专业"结构性失调"之说了，这是大学教育的本然。耶鲁大学的创立是"继承欧洲人文科学的传统"，"急切盼望欧洲文明能在美洲大陆发扬光大"。[5]43 大学教人"应该怎样思考"而不是"应该思考什么"。[6]1 我国北京大学体现的是"一种敢于怀疑、敢于否定的科学态度，一种紧张活泼的竞争环境，一种追求真理和自由的勇气"，它"教人怎样做一个真正的人，具有独立人格的人"，它"从塑造人的价值出发"。[7]5 大学是从自由教育那里开始的，大学的层次多样性便于更多的人享受高等教育，大学不应过多地强调"对口"，真正优秀的教育没有模式，大学应关注个性，关注相异

性。[5]49-51

大学具有超越性，它面向未来培养全面的人，发展学生的可发展性，不讲究专业对口，对岗教育只是简单的技能培训，不是大学教育。实际上，课程大于专业，课程才是高等教育的核心。高校本就不应该有过于狭隘的专业设置，而应是一个巨大的课程超市，学生可以根据自己的兴趣、爱好以及自己将来准备从事的工作类别（通常是行业）自由选择课程（更加准确地说，"课程群"）学习。高等教育首先应该符合教育和科学的发展规律，因此高校即使设置专业，也是为了便于教学与管理，而不是以就业为导向，如此，对于教育，就不存在"人才结构"之说。高校设置专业或进行专业结构调整，要处理好几个关系：短线专业与长线专业、专业口径的宽与窄、专业设置的变动性与稳定性、人才的需要与培养人才的可能。[4]145-147 换一个角度，高校要生存、发展，并确保人才培养质量，只有从自己已有的师资、设备等办学条件，以及自己长期以来凝练、积累的专业基础、专业特色或地方特色出发申报专业，培养学生，当然，可以逐步取消、调整、扩展、转向。高校不可能很准确地知道外面学校有什么专业、某些专业在某个区域乃至全国的重复性设置如何、需求如何，她没有条件、没有精力，也没有责任去调查统计，这是教育管理部门、国家的责任；更不可能预知社会和未来，况且教育具有滞后性，如果只关注现学现用，今天"好的"专业，不知道以后如何。因此，如果要进行适当的"专业统筹"以使"专业布局合理"，乃是政府的责任。况且一直以来在中国，高校办学自主权不够，要办什么专业不可能完全由高校自己决定，而必须由政府统一管理，开办什么专业，分别招收多少人，都由教育主管部门审批，有的还要教育部批准。（事实上在很大程度上，适当的这种管理也是必要的，譬如1998年颁布的《普通高等学校本科专业目录》就规定了一些专业的开办与否是要接受国家控制的，如部分小语种专业和一些应用范围较少的专业，共35种，属于一般控制设置，须经教育部审批的；部分应用范围更小的25种小语种和茶学、蚕学专业，是要从严控制，原则上不再增加布点的。）

许多对大学毕业生就业的研究结论也对笔者的观点给予了有力的证明，如就业能力是一个获得最初就业、维持就业和重新选择、获取新岗位的能力，不仅包括狭义理解上的找到工作的能力，还包括持续完成工作、实现良好职业生涯发展的能力。[8]82用人单位选拔大学毕业生时最看重的5个因素依次是：思想品德、敬业精神、专业知识、工作经验和解决问题的能力；而应届大学毕业生最欠缺的5个因素依次是：解决问题的能力、相关工作经验或实习经历、耐挫能力、团队协作能力、知识广博度。[9]11可见，用人单位并不专注于要求"对岗"。难能可贵的是，也有人指责高校的专业设置过窄过细，导致培养的毕业生就业面较窄，不能适应社会的需求，影响了大学生的就业。[10]147这便是另一个角度的证明。

三、高校课程设置及其教学内容选择有理有据

很多领导、专家学者，甚至高校教师都在责怪高校的专业及课程设置不能按市场需求的变化而变化，认为这是制约大学生就业的重要因素；选修课太少，使得大学生不能根据自身的兴趣、爱好选择以后的方向，成为门门懂而门门不精的"杂家"。[11]共青团中央学校部、北京大学公共政策研究所联合发布的"2006年中国大学生就业状况调查"结果显示，在接受访谈的单位中，有59.1％认为当前大学的课程设置不合理，其中50％的用人单位明确提出，课程设置不合理是大学生就业难问题的一个制约因素。[12]笔者认为，这同样是对大学教育的误解。大学要培养全面发展、个性发展的人，需要尊重人才成长过程，遵循高等教育规律，按照以人为本基础上的大学培养目标，自成体系地确定教学内容。培养什么样的人，就会有什么样的课程系列，大学教育不是职业教育，因此，课程设置的依据不是就业需求和用人单位的要求，不能目光短浅地仅仅面向企业一线重点开设实践课程，特别是实施短期技能培训，不能一味迁就企业要求就重点关注"现学现用"。

我们所处的时代，科学技术迅猛发展，知识飞速更新，学生在校期间所学的知识，不足以适应毕业工作和生活的需要，其中相当部分很快就要陈旧过时，因此，高等学校的教学内容，不仅要反映现代科学的最新成就，把国际先进水平作为教学的起点，引导学生接近科学发展的前沿，而且要把主要

力量放在掌握基础理论、基本技能和发展智力能力上，使他们毕业之后，能够为适应现代科学技术的发展自我学习，自我提高，自我完善。[4]39编订课程需要依据以下原理：哲学原理、社会学原理、生理学和心理学原理、教育学原理。[3]260课程本身应达到以下具体目标：（1）认知类，包括知识的基本概念、原理和规律，理解和思维能力；（2）技能类，包括行为、习惯、运动及交际能力；（3）情感类，包括思想、观点和信念；（4）应用类，应用前三类来解决社会和个人生活问题的能力。[3]260课程目标之间应具有整体性、连续性、层次性、积累性。[3]260-261要重视社会生活与生产实际；关注学生学习上的兴趣、爱好、需要和接受能力；教学要顺应学生的心理因素，发挥学生学习的主动性，发展学生的个性，既要关注科学知识本身的逻辑关系，又要关注学习系统知识的必要性，关注获得知识的方法。教学内容是时代的产物，随着社会的发展而演变，受社会政治经济制度制约，受社会生产力和科学技术发展水平制约，要考虑教学对象的需要和可能，原有知识水平、能力和经验，以及可接受性。课程要彰显办学特色与优势。不同的高校有特殊的办学历史，有自身的文化传统、特色与优势，课程要传承学校长期办学积淀的优秀传统文化，根据学生的兴趣爱好，开发融入学校优势和特色的课程体系，形成学习的个性化课程，规避大学的趋同化。[13]88人才培养目标和课程及其教学内容的制订，应处理好几个关系：业务素质与全面素质的关系，专才教育与通才教育的关系，社会需要与个人发展需要的关系，高标准与可行性、稳定性与变动性的关系。[4]69-73设置的课程既能实现培养目标，切合社会需要，又能适合学生身心发展的特点，以促进其品德、智力和体质等方面的发展。[3]262事实上，教育部已经对各专业课程设置给予了指导性意见，其中有一定比例的课程，是要求参考执行的，通用的做法是，大学4年，设计总修读165学分左右，其中思想政治类、大学英语、体育、军事（"训练＋理论"）、大学语文、计算机（"文化基础＋技术基础"）、就业指导、心理健康教育等公共必修课，加上跨（大文大理）公共选修的"素质教育类"课程和非艺术专业必修艺术类课程，大约占40%。

又换一个角度，高校培养人才既应有超前性（瞄准未来），可转换，适应性强；又必须有滞后性（或者说根本性），掌握基础知识、基本技能，这两者是大学教育的根本。那么多的企业、专业行当，需求差异那么大，如何实现针对性？面向谁？服务谁？先不说对于在校大学生的培养，是否需要规定太多的实践教学环节，在现有教育体制和市场机制下，即使设置了足够的实践环节（含实验、实习、毕业设计等），拿什么条件去落实？谁接受大学生去实践？企业不支持，高校管得了吗？政府管得了吗？政府管了吗？当然，高校不能坐等，教师也要积极主动地想办法，并及时更新课程内容，充分体现学科知识发展前沿，增强课程内容与社会生活的联系，加强课程的实践教学环节。

四、以求职技巧取胜不是公平的就业竞争之道

在有关大学生就业问题的讨论中，指责高校就业指导力度太小、课程内容不够，从而导致学生求职技巧缺乏而不会找工作的，可以说是"成果丰硕"。如有调查显示，19.86％的学生认为求职技巧的缺失是求职过程中最为头痛的问题。[14] 甚至有这样的情况：南京一高校对20家用人单位"最需要毕业生具备哪些素质"的调查发现，这些用人单位最看重的并非毕业生的业务能力和专业知识，而是口头表达能力和书面表达能力。[15] 当然，也有研究明确指出了"问题所在"，即我国就业指导没有形成独立的学科，目前开设就业指导专业的高校也很少，就业指导的任课教师不是科班出身的专门教师，多是一些学生管理、教育工作者兼任。并且还提出了加强就业指导教师队伍建设、合理设计就业指导课内容的建议。[16]634

笔者认为，这种指责实在牵强。首先，正如前述，高校人才培养具有其特定的目标与任务，就业不是教育的原初责任，高校管培养（王宝庆语），它努力使学生政治、思想合格，道德品质优秀，法纪观念强，爱学习，会思考，积极上进，实实在在地有专业基础和发展潜力，劳动态度好，踏实肯干，这就是尽职。当它的培养对象知识面较宽泛，综合素质较高，专业理论广度和深度够用，专业能力较扎实，就是做好了本分，为国家和社会尽责，对学生及其家长负责。高校不是就业技能培训机构，更不是就业推荐、服务机构。但实际上，为了应对大学生就业压力，高校已经和正在想方设法，积极努力

尽就业指导的义务，甚至在积极参与大学生的就业推荐和岗位寻找，有的还调整培养方案以利于大学生就业。但不能因为人家多做了原本并不是它的责任的工作，却诉病人家做得不够，也不能将"高校指导不力"归为学生就业问题中"高校的不足"。

其次，就业技巧不是大学生的核心竞争力。"通过就业指导来提高就业能力"的提法本来也不可取，因为以就业技巧取胜不符合就业竞争的本意。用人单位选择人才，看重的是真才实学，素质全面，能力突出。技巧取胜占去了本就应该属于他人的职位，对用人单位是一种蒙蔽，对他人则是不公平。你本来的专业基础和综合能力不如人家，凭什么你学了一点立竿见影的"就业技巧"就有好工作？所谓"技巧"，讲究适销对路，乃是"投其所好，攻其一点"之策，就业技巧会告诉你，会不会找工作，不一定是专业能力和综合素质的展示，至少不要求全面，于是，就业技巧可能掩盖专业知识和综合能力的不够。事实上，求职技巧是短时间内可学的，不是实际工作之所大用者。科学与技术的发展不是投机取巧而来的，历史上、国内外，多少科学进步、社会发展是默默无闻、不善自我宣扬的实干家所为。有真才实学，专业基础好，综合能力强的，不一定口才好，会展示；学者不一定要八面玲珑。笔者不知道"用人单位最看重的并非毕业生的业务能力和专业知识，而是口头表达能力和书面表达能力"，[15] 这样的结论是怎么出来的，如果真是受调查的20家用人单位的共同心声，又不知道是些什么单位。什么专业知识都不要了，还开设那么多课程干什么；只要会表达，就只需学语文就好了，还办大学干什么？换一个角度，没有专业知识，依托什么、怎么表达？事实上，这一相同文稿 [15] 又以《宁波市大学生就业能力现状分析及发展研究》表明：大学生的就业准备和高校的就业工作，应该从关注就业机会及相应的求职技巧，转向关注就业能力，笔者对此很是欣慰，想看看其"就业能力"的含义，但通篇接近2500字的内容强调的却仅仅是表达能力而已。口头、书面表达能力固然重要，笔者也不反对较好的表达能力能够促进工作，但专业能力永远比虚妄的口头表达更重要。过多地看重甚至倚仗夸夸其谈，不是好事，因为很多只是表面现象，甚至虚假，让没有专业知识与实践能力的人钻空子，也是对其他人的不公平，骗子横行就是靠天花乱坠的口才；技术人才需要静下心来，但真正的技术工作、科学研究，不是口头上夸夸其谈的结果，需要静下心来，沉下心来，苦心钻研，默默无闻，长期坚守。

第三，人才类型和层次多样化是人才需求多样化的必然要求。参照过去大学招生录取的比例，过去能够上大专的，今天可以上一本，过去不能上大学的，现在可以上二本，但与过去相比，我们能够用精英高等教育时代对待精英的要求来要求大众化时代的普通大学生吗，他们消受得起吗？用整体比整体，比不了；用普通比高级，不应该。人才的标准是多层次、多样化的，人才培养的质量是相对的。社会需要不同层次、不同类型的人才。无论是研究型大学还是一般应用型大学，都有其特定的质量标准，两者可比性不强。人的智力、基础有差别，性格、兴趣、爱好、特长有差别，不同的行业、岗位对人才的需求也不一样。人才培养类型和层次多样化是人才需求多样化的必然要求。必须根据人才的基础、能力、兴趣、爱好、个性、特长，实施多层次、针对性的培养。当然，高校既然开展就业指导和培训，就要结合实际就业，多融入成功和有挫折经历的案例，这就要求有足够的来自生产生活一线、经验丰富的成功人士，讲述自己的经历经验，特别通过案例教育学生树立正确的就业理念、就业态度。

参考文献：

[1]纪宝成：《我国高等教育大众化进程中的挑战与对策》，《高等教育研究》2006年7月第7期，第1~10页。

[2]杨德广：《高等教育的大众化、多样化和质量保证》，《高等教育研究》2001年7月第4期，第3~6页。

[3]顾明远：《教育大词典》（1），上海教育出版社，1990。

[4]潘懋元：《新编高等教育学》，北京师范大学出版社，2006。

[5]张楚廷：《张楚廷教育文集第一卷：高等教育哲学卷》，湖南教育出版社，2007。

[6]戴问天：《格廷根大学》，湖南教育出版社，1998。

[7]吕林：《北京大学》，湖南教育出版社，1989。

[8]郭德侠、郭德红、李怡:《用人单位对大学生就业能力的评价与高校课程改革》,《高等理科教育》2014年第3期,第81~87页。

[9]李常香、林朝斌:《不同类型企业选拔毕业生的主要考量因素的差异研究:基于台州市企业的调研》,《现代教育科学》2010年4月第2期,第11~13页。

[10]赵运林:《关于大学生就业难问题的思考与对策》,《湖南社会科学》2009年第3期,第146~149页。

[11]梁雪松:《基于多层面多视角的大学生就业问题探讨》,《教育理论与实践》2010年第10期,第12~15页。

[12]李娜、赵卓、万鹰昕:《大学生学习动力缺失因素探析》,《中国电力教育》2011年第4期,第166~168页。

[13]牟延林:《普通本科高校转型进程中课程改革的思考》,《中国高教研究》2014年第9期,第84~91页。

[14]黄文:《当代大学生求职回归理性务实》,《中国教育报》2006年7月21日,第002版。

[15]朱建华:《大学生就业:酒香也怕巷子深》,《中国教育报》2008年8月20日,第005版。

[16]迟建文、宋立立:《高等教育大众化形势下高校就业指导工作的探讨》,2012 International Conference on Management Sciences and Information Technology Lecture Notes in Information Technology, Vol.26: 632~636.

链接:

小步快跑逐一破"坚冰"——代表委员为教育综合改革建言献策

东北大学校长丁烈云:"教育问题与社会问题,你中有我,我中有你。""就业歧视是社会认知问题,教育根本无力解决。"现在,大多数体制内的用人单位都强调毕业生的第一学历。

山东省教育厅副厅长张志勇:"当前,我国教育改革面临的社会背景极其复杂、利益诉求极其多样、利益格局调整极其艰巨、体制机制改革任务极其繁重，因此，改革具有社会性、全局性、系统性、跨领域性、革命性、紧迫性和风险性。"

（《中国教育报》2013年3月18日，第1版）

寻求就业与需求的契合点

加强实践课程缩短岗位适应期：中华全国工商业联合会常委李学春认为，大学生就业难原因很复杂，既有社会选人、用人观念的问题，也有家族对于孩子教育投入和产出的期待问题。更重要的还是，我们的人才培养体系存在一定的问题。要切实有效地加强实践环节，调整学科体系，更新教材体系。

实践能力强更受企业青睐

中国兵器装备集团公司总经理唐登杰：专业设置滞后于经济社会发展，是现阶段高校人才培养"不适应症"的表现之一。

"企业要发展，要壮大，就离不开一批科技型、操作型的技工人才，来改进生产技术，提高生产率。"唐登杰说，职业院校学生一旦进入企业后，往往都能够脚踏实地，对所从事的工作和岗位有一种满足感，跳槽频率相对较低。"花费大量精力、财力、物力培养起来的人才，能在一个比较长的时间内稳定在企业，服务企业，这几乎是所有企业追求的。"

"大学生就业难，有整个经济社会发展的结构性问题，高校迫切需要调整课程结构，加大实践教学比例。科学规划设计好不同类型高校人才培养方向及人才培养模式，各级政府还要切实加大对大学生实践教学能力培养方面的投入。"唐登杰还建议，制定相关政策，引导初高中毕业生以合理的比例进入中高等院校，逐步形成层次分明的人才供应结构。

企业寻求匹配度最高的毕业生

TCL集团股份有限公司董事长李东生："大学生身上的创新精神、能力素养、团队精神都是我们特别看重的。"

企业更关注大学生素质的培养，从学校教育到企业教育，也会有针对性地与高校合作，提前介入，培养人才。"企业能做的，更多的是从职业技能、职业心理等多个方面对入职后的大学生进行培训，并为每个新员工配备一名职业导师。"

（《中国教育报》2013年3月8日，第2版，

本报记者柴葳、张以瑾、柯进）

高校应成创新型国家"源"动力

"高校培养出的毕业生，和社会需求并不能完全匹配。"

天津大学党委书记刘建平认为，问题主要出在实习环节。"在计划经济的年代，实习很容易，市场经济以后，企业追求的是效益，是利润的最大化。学生去实习，不但不能给企业带来好处，可能还会给企业带来风险，因此企业没有积极性。"

"实习不仅仅是为了找饭碗，也是大学生深入基层、了解国家和社会需求、练就本领的必经之路。"

"国家层面出台政策，通过税费减免的方式鼓励企业（尤其是广大私营企业）吸纳大学生实习的积极性，同时为实习的大学生提供适当的生活补贴，减轻企业的负担。此外，全社会要营造一种培养创新人才的环境。人才培养，高校责任重大，社会、企业责无旁贷。"

（《中国教育报》2013年3月9日，第2版，

本报记者高靓、柯进、张婷、柴葳）

行业特色型大学如何不再"失色"

从单科性到多科性，一些行业特色型大学盲目追求高层次、大规模、全学科，向综合性多学科大学发展，特色专业招生规模比例下降。多科化、去行业化的趋势，削弱了自身的特色优势。"依托行业而产生、服务行业而发展。"

高水平特色型大学走"多科性特色型"发展模式是比较理想的选择，盲目求大求全既不现实也不客观。但由于资源分配中的规模聚焦效应、政策导向的单一化、评估排行中的简单相加、社会舆论中的综合崇拜趋向等，对行

业特色型大学的自主定位和特色之路形成一波又一波的冲击。

必须加强学校与行业之间的联系，实现协同创新。

行业特色型大学要在人才培养目标上更加注重专业性与通用性的结合，要在大学的工作室和实验室里，探索那些在当下行业产生技术上尚未应用的领域，鸟瞰行业产业发展。

华北电力大学校长刘吉臻："依托服务是大学与行业互相支撑的初级阶段，而实现对行业的领导与超越是大学履行社会服务职能的较高水平。"

（《中国教育报》2013年3月4日，第6版，本报记者姜乃强）

独立学院办学公平问题研究

"独立学院"，是指实施本科以上学历教育的普通高等学校与国家机构以外的社会组织或者个人合作，利用非国家财政性经费举办的实施本科学历教育的高等学校。[1]独立学院是民办高等教育的重要组成部分，属于公益性事业。[1]近十年，独立学院快速发展，不但对高等教育办学机制进行了大胆探索，而且在扩大高等教育资源和高校办学规模方面起到了积极的作用。

独立学院是在中国经济快速发展，中国社会对高等教育大众化急切需求的特殊时期出现并快速发展起来的。由于其理论基础不牢固，实践经验不足，运行条件不充分，管理不规范，存在许多不尽人意的地方。仅仅从公平与正义的角度来看，就有待教育者和教育研究者深入独立学院办学实践进行思考，寻找其中的问题与根源，提出有效对策。国家政策的及时性、完善度及其执行的有效性影响了独立学院的规范发展；资源的可共享度不够与资源共享机制的不完善使独立学院的教育质量得不到保障；针对性的忘却使独立学院办学模糊了方向，丢失了特色；过高收费与学生的实际收获不对等。深入独立学院办学实践，寻找其中的问题及其根源，提出有效对策，是教育者和教育研究者的责任。

一、国家政策的及时性、完善度及其执行的有效性影响了独立学院的规范发展

（一）独立学院的发展历程及其相关政策的滞后性

独立学院是在没有成熟的理论和清楚的理念指导下，在中国高等教育快

速发展过程中出现的新鲜事物，其中绝大多数是由母体学校扩大招生，在政府尚未出台相关政策法规的情况下建立而快速发展起来的。[2] 十多年了，独立学院仍然还在"摸着石头过河"，也没有积累太多值得推广的成熟经验。

独立学院的前身叫民办二级学院，是从1999年高校扩招，由地方和高校探索试办起来的，其起初完全不具有"民办"的含义。这些二级学院也并没有经过教育部审批，相当一部分是高校自己试办的，有一些是经省级教育行政部门同意的。[3] 经过近四年的实践探索后，2002年下半年，中央领导和教育部认可其办学模式之优越，认为是较快发展本科教育的一种新途径，就提出"五个独立"的要求加以引导。同时，为与公办高校的二级学院相区别，将这种学院一律改称为独立学院。[3]

2003年6月，时任教育部部长的周济要求独立学院"积极发展，突出一个'优'字；规范管理，突出一个'独'字；改革创新，突出一个'民'字"。[4] 当年下半年对已办的360多所独立学院按照"过去办的从宽，以后办的从严"的原则逐个审查，重新备案确认了249所，其他的停办。[3] 到2005年，教育部组织对独立学院进行了比较全面的"办学条件和教学工作专项检查"，企图摸清独立学院的办学条件和教学情况，发现独立学院试办中存在的主要问题。

2005年9月，《普通高等学校独立学院教育工作合格评估指标体系》课题组解释该《体系》的设计思想，即体现培养应用性、技能性人才的目标要求，强调以就业为导向。[5] 鉴于独立学院是一个新生事物，有一个发展和不断完善的过程，对于当时评估不合格的，采取暂缓通过的处理办法，通过限制招生或暂停招生，限期整改，再组织复查。对于办学问题严重者或因不执行国家有关法律法规而诱发事端、影响稳定的，才予以停办甚至追究独立学院举办者、有关高校和主管部门的责任。[5] 此后，为了规范独立学院办学，确保教学质量，教育部出台了几个版本的《普通高等学校独立学院教育工作合格评估指标体系》，目前使用的是2007年3月下发的第六版。[6] 实际上，由于缺乏科学的实践检验与深入的理论研究，这个《体系》的核心内容跟一本、二本的没有太大差别，因而实际上其针对性并不强，客观上也不可能太强，甚至有的指标制定的依据就不令人信服。加上考虑到"过渡""稳定"等因素，实际执行中的操作不得不"软弱"，因此，其评估结果及其后续的促进作用、规范意义也不理想。

为了进一步规范普通高等学校与社会组织或者个人合作举办独立学院的活动，维护受教育者和独立学院的合法权益，促进高等教育事业健康发展，[1]2008年2月，教育部颁布了《独立学院设置与管理办法》（以下简称《办法》）。[1]诚然，如果能够落实，《办法》对于规范独立学院的办学，保证教学质量，无疑是好事，但完全不折不扣地执行，难度是相当大的，也是不现实的。因而其执行的可行性受到社会和独立学院的质疑，甚至有的独立学院还在观望。毕竟，这是一个不小的群体，它关系到全国322所独立学院（到2010年）的生存，以及215万在校大学生的命运。[7]

（二）相关政策的局限性与实效性及其后果质疑

其实，《办法》文本涉及的内容并不完善，有的也不明确，令人难以理解，或者操作性不强。实质上，《办法》也不能妥善解决独立学院发展过程中的一些关键问题。

第一，独立学院的性质问题。现实中，独立学院的产权和办学主体是多样化的，即，"公办高校单独或（校—校）合作"办学模式，如浙江师范大学独资设立的浙江师范大学行知学院、浙江工业大学与杭州船舶工业学校合作举办的浙江工业大学之江学院，该类全部为国有资产（含母体学校无形资产）；"公办高校＋地方政府（＋企业）"办学模式，如浙江大学与宁波市人民政府合作举办的浙江大学宁波理工学院，该类投入较大比例为国有资产（含母体学校无形资产）；"公办高校＋民营企业（或个人）"办学模式，如厦门大学与厦门嘉庚教育发展有限公司合作举办的厦门大学嘉庚学院，该类少部分为国有资产（含母体学校无形资产）（据参考文献[2]整理）。事实上，全国独立学院中完全由民办企业（个人）投入的比例很低，绝大多数投入与国有资产（母体学校资产划拨转移、政府直接投资、行政划拨用地等）有关。《办法》明确规定，"独立学院"是指实施本科以上学历教育的普通高等学校与国家机构以外的社会组织或者个人合作，利用非国家财政性经费举办的实施本科学历教育的高等学校（第二条）。这样把独立学院直接定性为民办学校，就是把独立学院的产权进行简单的归一化处理，是在挫伤地方政府办学的积极性，可能使之退出办学市场的同时，在转制的过程中，还必然导致国有资产的大量流失。

第二，独立学院的公益性与营利性问题。《办法》明确，独立学院是民办高等教育的重要组成部分，属于公益性事业（第三条）。又说，独立学院在扣除办学成本、预留发展基金以及按照国家有关规定提取其他必需的费用后，出资人可以从办学结余中取得合理回报（第四十三条）。首先，这两条规定本身就自相矛盾；其次，这里的"合理回报"意义含糊，没有可操作性，因为，它既不是一个法律上的概念，也不是一个经济学的概念。[8]再次，寻利性是资本的天性，这是难以避免的，合作者愿意出资办学，其并不一定懂得办教育，而往往出于寻利动机；母体学校办独立学院，起初很大程度上也是瞄准获利的。因此，独立学院的办学中，必然存在公益性与营利性的矛盾。于是，在保证公益性方向以及保证教育质量上的动力不足，就可能导致独立学院办学的短期行为。根据全国人大教科文卫委员会的调查，90%的民办学校投资是以谋求营利与回报为目的的。[9]笔者认为，独立学院教育的公益性不必完全排除营利性，因为独立学院是由母体高校和社会力量合作办学的一种新的办学模式，其按民办机制运行，具有企业的性质。有社会投资存在，必然涉及营利与否的问题。关键是要把培养适应社会经济发展的各类人才和教育公益性放在首位，处理好营利与教育服务社会之间的利害关系，正常的营利不能只图短期效应和过分追求利益而影响教学与管理的正常运转，并须确保教育质量。

国家政策的不足或其执行的严肃性必然影响到地方政府、母体学校及独立学院投资方的态度。合作方投资办学当然少不了为国家和社会服务，但其主要的目的往往还是获取投资回报。母体学校办独立学院的目的，包括充分利用优质资源为国家和社会服务，获取高额回报，进行校内人员分流，甚至是找个地方让暂时不称职的教师"先练一练"。不执行《办法》，独立学院无从规范，而一旦严格执行，一些独立学院就会从观望转为消极应对，因为毕竟，执行是有难度的，很多独立学院还远远不够条件。于是，本来对独立学院发展前景心存疑虑的举办方和合作方就会抽逃资金，有的就会减少招生直至停办，这就直接影响到独立学院的发展。作为管理与服务的省级教育主管部门也无奈，因为一方面，它得支持地方教育事业的发展壮大，管严了，要求高了，独立学院达不到，不但会"压制"本地教育发展，丢失部分独立学院办学的阵地，在培养人才和拉动地方经济上都会成为当地的"历史的罪人"而令人怒骂；放任不管呢，失去了监管职责，教育质量大打折扣，对学生和家长不公，对社会和国家不利，于心又不忍，还同样会成为国家的、学生的、社会的"历史的罪人"。于是，在这样的办学理念指导下，在这种尴尬境地中生存着的独立学院，自然就不会得到充分的重视，教育质量也就无从得到保障。

二、资源的可共享度不够与资源共享机制的不完善使独立学院的教育质量得不到保障

独立学院是以共享母体学校优质资源为基础，很大程度上依托母体学校而办起来的。共享母体学校优质教育资源，也是确保独立学院教育质量的前提。"优质教育资源"是指独立学院依托的母体学校所具有的优良教学传统和教学资源。[6]

教师的数量和水平是保证高校教学质量的核心指标，其在很大程度上决定了人才培养质量。教育部对高校本科生师比的要求是：综合、师范、民族院校18，工科、农、林院校18，医学院校16，语文、财经、政法院校18，体育院校11，艺术院校13；[10]我国高校专任教师数，1999年42.57万人，2006年107.6万人，2010年134.31万人；高校生师比，1999年13.41，2006年17.93，2010年17.33。[11]到目前为止，我国高校生师比才接近国际水平，但教师中本科学历仍占50%。[11]

我国普通高校在校生1998年是340.9万，到2006年达到1738.84万，[12]增长了4.1倍，但高校的师资队伍增长的比例却远远跟不上，1998年为40.7万，2006年是107.6万，[11]只增长了1.6倍。在这样的师资条件下的中国高等教育发展过程中，母体高校实际上根本没有足够的师资资源可以供独立学院"依托""共享"，这样，母体高校的教师担负独立学院的教学和科研任务，就是额外的，这不但使母体高校的教师背上了沉重的教学压力，也加重了心理负担，不利于母体高校的教师集中精力搞好母体学校本职工作，更不可能如质

如量地完成独立学院的教学任务。而影响了母体高校的教学质量，反过来又对母体学校学生不公平。

事实上，在为独立学院"选聘优秀教师"的过程中，还存在几个方面的问题：第一，教师的心态问题，认为到三本上课就是"发配"，"自愿"是不现实的；实际上，经济待遇的杠杆作用也不可能太大，因为同是一所学校，教师间的待遇差别不可能太大，这就有一个公平和"度"的问题，也是"选聘"机制设计的关键所在。第二，各二级教学院领导的态度是，"优秀教师"首先要保证母体学校的教学质量。由于应对快速扩招而大量进人，一部分教师是原专科学校升本来的；之后进来的青年教师比例大，其职称、学历、教学经验和水平都不尽如人意。优秀教师的"外派"必然影响母体学校的教学。另外，为了出成就，"派上座"，"说得起话"，部分教师还必须花不少精力投入科学研究、学科建设，"优秀教师"就更奇缺了。第三，独立学院的未来"不确定"，使教师（即使是一般教师）担心："外派"出去后还能不能回得来？因而心态不稳定，是最重要的，也直接影响到教师的积极性。

在外聘老师方面，更是问题多多。聘用时间有长期的、短期的、临时的几种。但都没有事业编制，即使干到退休，政府也不负担，就没有保障，工资待遇还取决于办学效益，因此存在后顾之忧，导致独立学院的外聘老师缺乏稳定和归属感。在这样的环境和心态下，教师怎么能全身心投入教学，教学质量如何保证？高层次人才谁愿意来？尤其，在地级市的高校，即使高校想用，也无才可用，因为周边没有这样的资源，于是只得降低聘用标准。

双师型教师则是独立学院的老大难。三本学生介于二本和高职之间，理论要求强于高职，动手能力要求强于二本，而全国高校双师型教师奇缺。一方面，国家和教育主管部门对此重视不够，如有的学校高级工程师比副教授待遇就低一档次，因此教师主动从事工程系列的不多（实际上，真正从企业来的副高以上双师型教师也尤其少）。另一方面，国家没有相关政策支持，企业不接受培训，学校又没有相关环境和资金。并且在独立学院，学校还担心培养了人才将来被他人用——走掉、外聘，由于以上所说的保障等问题而效果不佳。

对于实验设备、多媒体教室、实习基地等，美其名曰"共享"，其实也是往往母体学校优先，或者本来母体学校就空着，但由于归口教学院分管，"没给钱"或怕麻烦而置之不理，三本学生使用不到。实验实习常常"放羊"，美其名曰"给学生更大的自主权"。有的独立学院甚至根本就没有自己的实习基地，文字材料从母体学校复印、照搬，就是自己的了，这么做都是为了应付检查。

大多数外聘学生管理人员的确责任心要比"自己的"强得多。但是大学生不是小孩，整天要盯着、陪着管理，他们更多的是需要"专业上辅导，思想上引导，心理上辅导，生活上指导"。没有好的待遇聘不进高层次人才，那么一般人员怎么跟大学生交流？凭什么能够指导大学生？当然，面向社会招聘，还能设条件、提要求，但是对于母体学校教授、博士家属这样的学生管理人员，怎么定标准、提条件？谁敢？这些都是问题。

三、针对性的忘却使三本办学模糊了方向，丢失了特色

（一）"特色"正解

"特色"反映质量，体现水平，是一个学校的核心竞争力，也是每个学校赖以生存的基础。[13]笔者认为，教育部把"特色"定义为"人无我有，人有我优"，并不准确，应该加上一个核心，就是必须"有效"。清华北大教学质量高，这个"质量高"算"特色"吗？况且"培养"质量本就是个"增量"，清华北大都是招收顶尖级的优秀学生，其起点本来就高。一个简单的比方，清华北大的学生基本能过英语六级，这能算"培养质量高"？能算"特色"？他们不少在高中就过四级的。一个人长得与众不同，就是有特色，不应该做其他判断，与好看、难看不相关。因为长相是与生俱来的、人的基本权利，不需要"改进"，不必要"修复"。但是，对于一个艺术品，说它有特色，既要与众不同，又要有专业，有门道。说办学有特色，就一定要有绝招，专注于某件事并且有影响、有成就。有的学校专注于师范教育，有的学校专注培养工程师，有的学校专注培养卓越领导人，有的学校专注培养高水平技

师，有的学校专注培养有经济头脑的管理人才，并且都有基础，成为立足点，有成就，做得很好，这就是特色。

笔者并不否认专家、领导的观点："没有个性，就没有创新；没有特色，就难有发展"；独立学院办学特色涉及管理体制、办学定位/办学理念/办学思路、人才培养目标、学科专业、师资队伍等。可是，"特色"需要积累，独立学院是一个新鲜事物，凭什么这么早就能有那么多"特色"？为什么一定要有那么多"特色"？因此，对独立学院，不如讲"针对性"，就是说，独立学院的价值主要在于为本地服务，它自身必须紧密结合区域经济社会发展。独立学院的学生，在理论知识方面比高职高专的毕业生要深厚与扎实，而在实践操作能力方面又比普通本科院校的毕业生略高一筹，这就是"针对性"。

现在一些学校，特别是独立学院，为了"证明"自己的人才培养"质量高""特色明显"，花大力气，盲目要求学生考英语、计算机，学生的很多时间都耗在这上面。殊不知作为（英语或计算机的）非专业人士，英语和计算机就是一个工具而已，逼着本就不是强项的三本学生去做他们为难的，甚至达不到的事，不应该。我们的教育，因为英语压制了多少个性化的、创新人才的发现和成长。

（二）独立学院办学针对性丢失严重

笔者认为，越是高等教育大众化时代，越必须坚持教育的层次性和质量标准的多样性。也正因为是大众化时代，我们不能一棍子打死，说今天的高等教育普遍质量低下。如今天的硕士、博士教育和985大学及部分211院校的本科教育的确就是精英教育。知识越来越分化、复杂化，人们的认识能力有限、生命短暂、精力有限，"以所有知识为自己研究领域""以掌握全部学问为目标"是不可能的，一个人最多只能希望成为精通有限领域学问的人。对于基础相对薄弱的三本生，尤其如此，因此必须"有所为有所不为"。

不同类型的办学模式、不同层次的高等教育，人才培养目标也必然不同，才能得以生存和发展。独立学院定位于培养直接服务于社会的应用型本科人才，母体高校的资源配备在很多方面并不能满足独立学院应用型人才培养目标的要求。因此，独立学院如果照搬母体高校的教育资源并不符合独立学院的实际，相反，独立学院如果不能根据自身的特点针对性地合理配置教育资源，将不利于独立学院的长远发展。

其实，我们根本不知道怎么办独立学院，不知道三本学生出来能干什么，会干什么；也不知道想让三本的学生将来去干什么。

独立学院的教师绝大多数来自母体学校，他们是上课的机器，连高等数学、大学英语、大学物理、专业基础课、专业课都是大班上课，其效果可想而知，他们哪有时间和精力进行层次化、针对性、研讨式教学？即使有心也无力。于是，培养方案、教学内容、教材选择，都照搬母体学校。

独立学院的专业设置必须参照母体学校，这是硬性规定——只有母体学校已有毕业生的专业，三本才有招生权。在实际的专业设置上，一方面，多数是选择与市场需要紧密结合的热门专业，因为要"直指就业"。但是长此以往，对毕业生的就业是非常不利的，因为，如果专业设置仅仅考虑劳动力市场的显在需求，很难保证一个培养周期（如四年）后按此培养出来的人才仍为社会所需。另一方面，由于独立学院办学的逐利性，从目前的情况来看，独立学院往往以办学成本较低的专业为优先考虑对象，很少考虑专业设置结构的合理性。事实上，由于没有调研，国家没有指导，我们也不知道何谓"结构合理"。

（三）本科教育不是狭隘的"职业教育"

大学教育是一个潜移默化的过程，目的是为了获得一种意义深远的自由。[14]人若在普遍的意义下充分地发展了自己的能力和智慧，不仅在择业上可能享有更多的自由，而且享有与职业并无直接关联的诸多精神自由，人自身还更可能拥有持续发展和展示的自由。[15]65独立学院是本科教育，不是狭隘的职业教育。职业教育是给予学生从事某种职业或生产劳动所需的知识与技能的教育。[15]61洪堡说，"任何职业教育必须以普通教育、以培养完全的人为前提"。[16]更何况，人们"所从事的职业可能在一夜间被消灭，被一天以前还没有想到过的别的职业所代替"。[17]

专业口径的宽与窄决定了人才的视野、适应能力和发展后劲。专业口径过窄，尽管针对性很强，但培养出来的学生视野狭窄，其能力的发挥仅仅限于某个特定的领域，发展后劲不足，社会适应力低下，不能自由地在多种职业中流动，一旦某种职业消失，他们可能面临生存危机。因此，笔者不赞成本科大学"培养技能型人才"[5]的思想。基础知识的宽而不厚则有损科学认知结构的形成，而这不利于知识迁移与个人发展，不能适应未来不确定世界。由此，专业口径过宽或过窄，都不利于学生未来的可持续发展。专业设置一定要从学生的可持续发展出发，合理地确定专业口径，还要符合科学技术进步的趋势。

笔者赞成，在保证本科层次人才培养基本规格的前提下，精心设置专业方向及专业选修课程；根据社会发展和经济建设对专业人才能力要求的变化，或专业技术发展趋势，面向行业，面向生产和管理一线，实施人才培养方案动态调整机制，切实提高学生未来就业适应力。[18]

四、独立学院的过高收费与学生的实际收获不对等

（一）过高收费导致教育不公并危及独立学院发展

独立学院是应高等教育大众化，满足人民群众对高等教育的需求，为了拉动经济发展，以及母体学校解决办学经费的不足，在中国经济发展和高等教育发展的特定条件和特定环境下发展起来的；是基于一些学生本来就基础差，考分低，没有资格上大学，所以让他"出钱办大学让自己读书"的认识下办起来的，不是政府的义务投资，因此，全额收费。湖南文理学院（二本）收费标准，音乐类6000元，艺术类8000元，其他在3100元—3500元之间；而其独立学院芙蓉学院音乐类14000元，艺术类16000元，其他在10800元—11200元之间。[19]显然，音乐、艺术类，独立学院收费是二本的二倍还多；其他类，独立学院收费是二本的三倍还多。众所周知，高等教育的受益者除了个人（学生和家长），还有国家和社会，这是由它的双重属性决定的。同样，学生读三本，受益的不只是学生自己。为什么三本大学生的培养费用要接受教育的人负全责？为什么大学还要把办三本当作赚钱的门道？

学生付了那么多钱，得到了什么？三本的毕业证、学位证。花了那么多

时间和精力，他们又学到了什么？在这些院校，首先专业选择自主性不够，可选范围太小，某独立学院2011年招生专业23个，其中文科生只能在6个专业选择：汉语言文学、英语、法学、国际经济与贸易（兼融）、市场营销（兼融）、旅游管理（兼融）。而就是这6个专业，每年招生近千人，在校内怎么教育，质量如何保证？毕业后怎么就业？

随着我国人口结构的变化，高等教育适龄人口正呈现逐年减少之势。以上海为例，2004年，18岁青年的数字为20万人，到2013年将下降到7.1万人。[20] 与此趋势相反，在这10年间，公立高校还会继续扩招。加上高收费，对于独立学院来说，其生源问题就会越来越严重。另外，独立学院过分依赖母体学校，首先就会没有主见，失去自我，从而就会失去根基。这种独立性不够将更加使得许多办学实力不足的独立学院陷入生存与发展的困境。

（二）三本生实际质量令人担忧

三本生没有获得应该共享的母体学校优质资源，其理论基础、实践能力都与预先设想的有差距。而照搬照抄母体学校的课程等，三本学生接受不了，更加达不到预设要求。实际上，一般独立学院还谈不上学科建设，一没有师资，二没有实验条件，三没有积淀。在动手能力培养，实践能力提升方面，没有教师、没有设备、没有基地，"巧妇难为无米之炊"。

"以就业为导向"限制了学生发展。没有深入理解"以就业为导向"的含义，导致教育中的急功近利。现在很时兴讲"订单式培养""顶岗实习"，甚至一顶岗就是半年到十个月。其实，本科教育必须保证一定的基本要求，并考虑国家的、社会的和个人的未来发展。讲高一点，还要培养全人，注重个人兴趣与爱好，等等。专业面不能太狭窄，技能不能太专一，独立学院本科应用型人才培养应面向行业，而不是某个具体岗位。注重某一个狭窄的职业岗位，就没有职业迁移能力，也就不可能有发展。

要求三本学生"基础厚、口径宽、能力强"不现实。这实际上是矛盾的，也不可能做得到，只能"有所为有所不为"。那么多的两课和文化素质课，那么多的计算机基础课和英语课，你还有时间让学生厚基础、宽口径、强能力？

　　笔者反对以"适用"为原则调整应用型本科人才培养的公共基础课程设置，专业课程内容选择要根据生产或服务的现实需要，更多地倾向于现成、实用技术与规范的经验知识，培养"零适应期"人才。[21]因为，可持续发展的观念要求学生通过对某一个或有限的几个专业的学习，掌握一定的基础知识，形成良好的学习习惯和学习态度，养成科学的思维方法，提高自学愿望和能力以适应瞬息万变的社会形势。

参考文献：

　　[1]教育部：中华人民共和国教育部令第26号——《独立学院设置与管理办法》，中国政府网，访问时间：2011年11月28日。

　　[2]周兆农:《制度设计的初衷与实践运行的矛盾——由＜独立学院设置与管理办法＞所引发的思考》，《教育发展研究》2009年第6期，第67~70页。

　　[3]张保庆:《2005年3月22日在"进一步做好独立学院试办工作网络视频会"上的讲话》，http://www.pgzx.edu.cn/main/webShowDoc？channel= zxdt_tgl&docID=2005/03/24/1111597281334.xml，访问时间：2011年11月28日。

　　[4]周济:《促进高校独立学院持续健康快速发展》，《中国教育报》2003年7月8日，第1版。

　　[5]李进才:《2005年9月14日"在全国高校独立学院教育工作水平评估研讨会上的发言"》，http://pjw.sqmc.edu.cn/Article/ShowArticle.asp？ArticleID=50,访问时间：2011年11月28日。

　　[6]教育部:《普通高校独立学院教育工作合格评估指标体系》，http://pjw.sqmc.edu.cn/Article/ShowArticle.asp？ArticleID=50,访问时间：2011年11月28日。

　　[7] http://www.moe.edu.cn/publicfiles/business/htmlfiles/moe/moe_271/201010/109693.html,访问时间：2011年11月28日。

　　[8]左兵:《独立学院的法律地位探析》，《现代大学教育》2005年第3期，第66~70页。

　　[9]巩丽霞:《民办高等教育的法律困惑与思考》，《长春工业大学学报（高

教研究版)》2007年第2期，第73~76页。

[10]教育部：《普通高等学校本科教学工作水平评估方案》之《普通高等学校基本办学条件指标》(教发〔2004〕2号文件)，百度文库，访问时间：2011年11月28日。

[11]中国教育在线：《2011年全国高校人才引进数据分析报告》，http://teacher.eol.cn//html/t/shujvbaogao/index.shtml，访问时间：2011年11月28日。

[12]百度百科词条"中国高校历年招生与在校生情况"，访问时间：2011年11月28日。

[13]马德坤：《独立学院办学特色面临的主要问题及对策研究》，《理论界》2008年第9期，第166~167页。

[14][德]卡尔·雅斯贝尔斯：《大学之理念》，邱立波译，上海人民出版社，2007，第83页。

[15]彭道林：《教育的目的是改善人——论赫钦斯的自由教育观》，《现代大学教育》2011年第2期，第61~65页。

[16]吴式颖、任绅印：《外国教育通史》第7卷，湖南教育出版社，2002，第173页。

[17]赫钦斯，R.M.：《民主社会中教育的冲突》，任钟印《世界教育名著通览》，湖北教育出版社，1994，第1533页。

[18]湖南文理学院芙蓉学院：《湖南文理学院芙蓉学院本科人才培养方案》，2010。

[19]湖南省教育厅、湖南省财政厅、湖南省物价局：《湖南省普通高等学校2011年度收费公示牌—收费许可证湘JS-0036号，收费许可证湘JS-0037号》。

[20]齐凤和：《民办独立学院的四大困惑及解决途径》，《现代教育科学》2005年第6期，第53~56页。

[21]陈飞、谢安邦：《应用型本科人才应用能力培养之探索——基于课程体系构建的思考》，《现代大学教育》2011年第4期，第78页。

从正义的视角考察我国独立学院校名 *

对独立学院校名进行审思，一是出于公平性考虑；二是希望独立学院校名能够信息明了，避免歧义；三是希望独立学院校名尽量避免过度雷同，以示区别；四是希望独立学院校名体现大学特色。为此，在国家对独立学院进行规范的进程中，思考独立学院的校名，以对未来独立学院乃至其他大学校名的命名规范提供有益的参考。

一所大学的名称，其含义涉及文化、价值观，以及大学的历史、学科与专业特色、地域特点等，方方面面。一所学校办得好坏，和它的名字有一定关系，但不完全取决于其名字。著名教育学者熊丙奇说，"校名只是'外在的'，其办学质量、学科水平才是学校的立足之本"。这有很多实例可以证明，如哈佛大学（Harvard University）的校名仅仅是为了纪念捐赠者，麻省理工学院（Massachusetts Institute of Technology）以所在州名命名，且只是"学院"，它们都是美国的私立大学；法国巴黎高等师范学校不过是一所"高等专科学校"。它们都因为办得好而那么有名气。

近几年，由普通本科院校和社会力量合办的独立学院快速发展，不但对高等教育办学机制进行了大胆探索，而且在扩大高等教育资源和高校办学规模方面起到了积极的作用。为了规范独立学院的发展与管理，教育部在2003年出台了《关于规范并加强普通高校以新的机制和模式试办独立学院管理的

---

* 本文涉及独立学院307所，其名单以教育部2011年5月23日在教育部网站上公布的为准，并适当参考教育部2010年5月公布的名单。本文涉及的独立学院专业设置以各独立学院（2010年或2011年）网上招生简章中公布的专业名称为准。

若干意见》，指出"独立学院是专指由普通本科高校按新机制、新模式举办的本科层次的二级学院。一些普通本科高校按公办机制和模式建立的二级学院、'分校'或其他类似的二级办学机构不属此范畴"。2003年6月13日，时任教育部部长的周济在"普通高等学校以新的机制和模式试办独立学院工作会议"上指出，独立学院要"积极发展，突出一个'优'字；规范管理，突出一个'独'字；改革创新，突出一个'民'字"。2008年2月，国家又以教育部令出台了《独立学院设置与管理办法》，其中第二十二条明文规定："独立学院的名称前冠以参与举办的普通高等学校的名称，不得使用普通高等学校内设院系和学科的名称。"由此，独立学院的名称是否规范，是显而易见的了。关键是有关部门管了没有，管得怎么样。

笔者认为，独立学院作为我国高等教育特定发展时期的特殊产物，由于在短时期内快速发展壮大，国家对其校名的确定没有细致的、可操作的规范，导致我国现有300多所独立学院校名的确定各有喜好，仔细思考，还有很多需要考虑和规范的地方。

一、独立学院以"××大学××分校"命名，有违规则、名不副实且有失公平

我国现有北京师范大学珠海分校、华中科技大学武昌分校、武汉大学东湖分校、华中师范大学汉口分校、武汉科技大学中南分校5所独立学院是以"××大学××分校"命名的（2010年5月前）。

这种命名方式主要有以下问题：第一方面，与教育部的规定不符合。教育部在2003年出台的《关于规范并加强普通高校以新的机制和模式试办独立学院管理的若干意见》明确指出，"独立学院是专指由普通本科高校按新机制、新模式举办的本科层次的二级学院。一些普通本科高校按公办机制和模式建立的二级学院、'分校'或其他类似的二级办学机构不属此范畴"。

第二方面，与独立学院的本质不符合。2008年2月颁布的中华人民共和国教育部令《独立学院设置与管理办法》明确，"独立学院是指实施本科以上学历教育的普通高等学校与国家机构以外的社会组织或者个人合作，利用非

国家财政性经费举办的实施本科学历教育的高等学校"。独立学院是具有独立法人的办学实体，它只是"依托"母体学校的教学资源办学，与其母体学校是分别不同的两所学校。独立学院的管理体制也与母体学校具有较大差别，是按"新机制、新模式"举办的。在办学层次上，独立学院属于"三本"，而母体学校属于"二本"或"一本"。独立学院的毕业证书不能以其母体学校的毕业证书替代，如"北京师范大学珠海分校"（独立学院，三本）的毕业生不能拿"北京师范大学"（985高校）的毕业证。

"××大学××分校"之"分校"是与"校本部"一体的学校，它与"校本部"等位齐名，属于同一层次，与校本部往往只是办学地点的不同而已。如山东大学威海分校、东北大学秦皇岛分校、哈尔滨工业大学威海分校分别与其校本部山东大学、东北大学、哈尔滨工业大学一样，同属985工程、211工程高校，其毕业生也取得校本部文凭。

第三方面，有失公平。独立学院采用母体学校"分校"命名，必然在社会上造成不应该的混淆，如，很明显，"北京师范大学珠海分校"（独立学院，三本）与"山东大学威海分校"（一本院校）从名字上看，没有一点区别。在招生中是对考生及其家长的有意误导，在就业中是对用人单位的误导，却对"分校"（实为独立学院的）的毕业生及其所属学校（独立学院）带来了方便。这几个方面都是对其他独立学院招生及其毕业生就业不利的。

可喜的是，经笔者查阅"百度百科"资料，"武汉大学东湖分校"已于2010年12月经教育部批准转为民办学院——"武汉东湖学院"。"华中师范大学汉口分校"已于2011年4月获准更名"汉口学院"；"武汉科技大学中南分校"已于2011年5月更名"武汉理工学院"，而实际上，根据这两所学校从"百度百科"提供的网上资料核实，"汉口学院"和"武汉理工学院"仍然定位为"独立学院"。这便又出现了一个新的问题：没有了母体学校校名冠名于前，其"独立学院"之含义又从哪里体现？也与之前教育部的规定不符合了，是不是又是一种变相的"误导"？（不是"独立学院"了。）实际上，在教育部2011年5月23日出台的独立学院名单中仍然不见"汉口学院"和"武汉理工学院"。

二、在母体学校校名之后直接 +A（"科技""科学技术""现代科技""应用技术""应用科学""工程""商""工商""城市"等）+"学院"命名，含义不清且有失公平

这样的独立学院到2011年5月仍有100所之多，又以湖北、江西、辽宁、河北居多，都是值得改进的。这些学院包括：天津体育学院运动与文化艺术学院、天津医科大学临床医学院、河北联合大学轻工学院、华北电力大学科技学院、河北科技大学理工学院、河北大学工商学院、河北医科大学临床学院、河北经贸大学经济管理学院、河北工业大学城市学院、河北农业大学现代科技学院、山西大学商务学院、太原理工大学现代科技学院、山西农业大学信息学院、山西师范大学现代文理学院、中北大学信息商务学院、大连理工大学城市学院、沈阳大学科技工程学院、渤海大学文理学院、大连工业大学艺术与信息工程学院、辽宁科技大学信息技术学院、中国医科大学临床医药学院、沈阳建筑大学城市建设学院、沈阳农业大学科学技术学院、沈阳理工大学应用技术学院、辽宁医学院医疗学院、沈阳工业大学工程学院、吉林建筑工程学院城建学院、长春工业大学人文信息学院、长春理工大学光电信息学院、吉林财经大学信息经济学院、东北师范大学人文学院、长春大学旅游学院、苏州大学应用技术学院、浙江大学城市学院、浙江大学宁波理工学院、宁波大学科学技术学院、杭州电子科技大学信息工程学院、浙江理工大学科技与艺术学院、中国计量学院现代科技学院、温州大学城市学院、安徽农业大学经济技术学院、安徽医科大学临床医学院、安徽工业大学工商学院、安徽财经大学商学院、淮北师范大学信息学院、安徽建筑工业学院城市建设学院、安徽工程大学机电学院、阜阳师范学院信息工程学院、南昌大学科学技术学院、江西师范大学科学技术学院、华东交通大学理工学院、江西理工大学应用科学学院、南昌航空大学科技学院、江西中医学院科技学院、江西财经大学现代经济管理学院、赣南师范学院科技学院、景德镇陶瓷学院科技艺术学院、江西科技师范学院理工学院、中原工学院信息商务学院、安阳师范学院人文管理学院、三峡大学科技学院、武汉科技大学城市学院、湖北工业大学工程技术学院、湖北工业大学商贸学院、武汉工业学院工商学院、武

汉工程大学邮电与信息工程学院、武汉纺织大学外经贸学院、江汉大学文理学院、湖北汽车工业学院科技学院、湖北经济学院法商学院、武汉体育学院体育科技学院、湖北师范学院文理学院、孝感学院新技术学院、湖北民族学院科技学院、湖北医药学院药护学院、湖北文理学院理工学院、长江大学文理学院、长江大学工程技术学院、中南林业科技大学涉外学院、湖南工业大学科技学院、湖南工程学院应用技术学院、东莞理工学院城市学院、桂林电子科技大学信息科技学院、重庆师范大学涉外商贸学院、重庆大学城市科技学院、成都理工大学工程技术学院、成都理工大学广播影视学院、四川师范大学文理学院、西南科技大学城市学院、贵州大学科技学院、遵义医学院医学与科技学院、贵州财经学院商务学院、贵州民族学院人文科技学院、云南师范大学商学院、云南大学旅游文化学院、云南师范大学文理学院、西安交通大学城市学院、兰州理工大学技术工程学院、新疆大学科学技术学院、新疆农业大学科学技术学院、新疆财经大学商务学院、石河子大学科技学院。

这种命名方法首先容易误导考生及其家长和用人单位。因为这些"A学院"虽然实质上不会是"普通高等学校内设院系和学科的名称",但表面上与之并无明显区别,或者说根本就是相近,甚至是举办方有意制造的"相近"。实质上,这些校名所具有的一般本科院校(或重点本科院校)内含的二级教学院的名称,使人把"独立学院"与"二本或一本院校"混淆了。这实际上也是明显地与2008年2月国家以教育部令出台的《独立学院设置与管理办法》中第二十二条"独立学院的名称前冠以参与举办的普通高等学校的名称,不得使用普通高等学校内设院系和学科的名称"之规定不符合的。这些好听的名字同样造成对其他独立学院招生、就业的不公平,也与独立学院的本质不符。

另一方面,同样由于大多数独立学院实际上所涉及学科专业都比较齐全,这些具有较大外延的学科内涵,又与母体学校内设院系名称相近的校名,并不能明确表达独立学院的学科专业特色。特别如温州大学城市学院、浙江大学城市学院、大连理工大学城市学院、河北工业大学城市学院、东莞理工学院城市学院、西安交通大学城市学院,其"城市"二字范围太广。同时,这些没有区别的词语导致校名雷同,使人产生对其学校内涵相同的理解。

当然，也许有人说"科技""理工""城市""文理""商"等含义宽泛，因而可以作为独立学院名称使用。实际上，这些词在世界各国高校，尤其是名校中的二级教学院，是通用的，它们具有专一的含义。

三、可以借鉴的独立学院命名方法

（一）以"母体学校 + 合作单位（或办学地点）+ 学科专业特长 + 学院"命名，直接明了

这种命名方式是应该学习并加以广泛推广的。比如，北京第二外国语学院中瑞酒店管理学院、华中师范大学武汉影视工程学院、广州大学华软软件学院、复旦大学上海视觉艺术学院、华侨大学福建音乐学院、四川音乐学院绵阳艺术学院、东北大学大连艺术学院等。这些独立学院，从校名就可以明显看出合作单位或办学地点，以及学科专业特长，一看就是独立学院，因而不引起歧义，不误导他人和社会。更重要的，实际上，这些独立学院所设置的专业也跟其校名紧密相关。比如，北京第二外国语学院中瑞酒店管理学院设置酒店管理、餐饮管理、会计、中英合作商务管理、中英合作金融管理专业。复旦大学上海视觉艺术学院设置摄影、动画、工业设计、环境艺术设计、会展策划与设计、服装艺术设计、纤维艺术设计、时尚设计与传播、珠宝与饰品设计、工艺美术与旅游纪念品设计、时尚表演与推广、雕塑、绘画、表演学、广播电视编导、文化产业管理、播音与主持艺术专业（方向）。天津外国语学院滨海外事学院设置英语、日语、法语、德语、朝鲜语（韩语）、国际经济与贸易、金融、法学、行政管理、新闻学专业。

类似的校名比如，复旦大学太平洋金融学院、黑龙江工程学院昆仑旅游学院、贵阳医学院神奇民族医药学院、辽宁石油化工大学顺华能源学院、成都信息工程大学银杏酒店管理学院、哈尔滨工业大学华德应用技术学院、南京理工大学泰州科技学院、沈阳航空工业学院北方科技学院、浙江海洋学院东海科学技术学院、山东科技大学泰山科技学院、东北财经大学津桥商学院、浙江工商大学杭州商学院、江西农业大学南昌商学院等，都具有明确、直观

的优点。当然，由于很多学校所涉及的学科专业较多，这些学校的校名大多不能涵盖其学科专业特色。

（二）以独立学院所在地地名或合作单位名称命名，形成惯例，简单明了

目前我国绝大多数独立学院都是采用地名命名，少部分采用合作单位名称命名。这种命名方式简单明了，已形成惯例，被广泛接受并采用。

以独立学院所在地地名命名的，如江南大学太湖学院、同济大学浙江学院、安徽大学江淮学院、厦门大学嘉庚学院、青岛理工大学琴岛学院、衡阳师范学院南岳学院、海南大学三亚学院、电子科技大学成都学院、中国矿业大学银川学院、北京航空航天大学北海学院等。

以合作单位名称命名的，比如，重庆工商大学派斯学院由重庆工商大学与欧洲派斯集团合作举办；福建师范大学协和学院由福建师范大学与有关企事业单位联合举办；上海师范大学天华学院由上海师范大学与上海天华教育文化投资有限公司合作举办；同济大学同科学院由同济大学与上海同济科技实业股份公司合作举办。

这样的学校校名设计，不需要体现学科、专业特长。

（三）以具有励志意义的二字命名，含教育意义

比如，燕山大学里仁学院，"里仁"取自《论语·里仁第四》中的"里仁为美"，意思是"内在的道德修养才是真正的美"，具有教育意义。这样的名字简洁，也不会引起歧义。类似的如天津大学仁爱学院、吉林师范大学博达学院、兰州交通大学博文学院、贵州大学明德学院、贵州师范大学求是学院、西北工业大学明德学院、湖北大学知行学院、西北师范大学知行学院、浙江师范大学行知学院、西安财经学院行知学院、新疆医科大学厚博学院、湖州师范学院求真学院、集美大学诚毅学院、福州大学至诚学院。

另外，如湖南师范大学树达学院、湘潭大学兴湘学院、湖南文理学院芙蓉学院，都是含义深刻而可行的。

不过，此种名字重复太多，也没有特色，而且独立学院的相关含义有时

不甚明了。

（四）以名人名家的名字命名，注重传承

比如，北京工业大学耿丹学院，以中国早期教育家、革命家、留英博士耿丹烈士的名字命名。绍兴文理学院元培学院，以中国近代革命家、教育家、政治家蔡元培先生的名字命名。贵阳中医学院时珍学院，以中国古代伟大的医学家、药物学家李时珍的名字命名。这些名字弘扬先烈的品格和精神，激发后人继承前人的学术成就并发扬光大。贵阳中医学院时珍学院同时还显示其学科专业特长。

这样的独立学院名称也是可以借鉴的。

从公平的角度看，普通高校成人教育
应该怎么办？

成人高等教育是我国高等教育的一个重要组成部分，但是由于其学生及办学形式的特殊性，其文凭"含金量"也不确定、差别大，导致成教文凭应用不当就会扩大社会不公平。普通高校成教办学尤其需要进行公平性的思考，除了要区别好学历教育与非学历教育，允许普通高校适当举办成教全日制脱产学习，还要在成教录取中认可全国普通高考成绩，并确保成教考试过程公平。

一、成人教育现状与可能导致的社会不公平问题

（一）成教文凭"含金量"不确定，且差别大

一直以来，各级教育主管部门对成教办学各个环节的质量都十分重视，进行监管，对确保成教质量起到了很大的作用。例如，湖南省教育厅每年都组织专家对各教育机构举办的成教本科毕业论文（设计）进行了随机抽查，指出问题与不足，提出改进意见，并在全省范围内进行通报，还将专家评委的意见向办学机构进行反馈。然而，成教毕竟是成教，有其他办学形式不具备的特殊性，因此，再严厉的监管也有其局限性。同时，成教学历教育/非学历教育、全日制/函授、脱产/在职等办学类型的多样性，成教学生年龄跨度较大（十几岁到四五十岁）、修读专业学生不集中（很多或很少人读同一专业），构成成教的特殊性，加上教学与管理中必需的"人性化"（照顾成教生的种种特殊性），对于成教学生培养质量的把握就会存在很大的困难，导致成

教文凭"含金量"不确定、差别大。

成人教育除了入门的资格考试（全国统一成人高考）和部分成绩优秀、希望申请学士学位的要参加学位英语（省级）考试以外，没有省级以上的统一考试。成教的教学直至学生毕业，主要由办学机构自行负责，其办学过程中的主动权也较大。成教一般属于"宽进宽出"型的高等教育，其质量高低、管理严格与否，常常也由办学机构的良心决定。过去，成教办学是高等教育的一个重要补充，很多都很重视，成教生是的的确确学到一些东西的。如今，成教办学的宗旨发生了些许甚至较大的变化，往往在骨子里不是补充教育基础和资源的不够，而主要是办学机构利用已有资源作为财政收入的补充。于是，教学与管理有时只是应付上级规定和检查的形式而已。

事实上，即使是成教文凭之间，其"含金量"差别也非常之大。有的是两三年在校全日制学习的（虽然国家近年来已经不允许），这些人（主要是高考落榜生）经过实实在在正规、按部就班的连续学习，受过大学的正规管理；现在有的大学与企业合作办学，采取订单式的"学历＋技能"教育，一段时间（两年）利用高校教学资源，尤其是教师、仪器设备等，进行学历教育（"理论＋部分专业基础实践"），后在企业进行"做中学"，加强专业技术培训，这种教育是真材实料的人才培养。有的则只要参加成人高考进得门来，不需"修行"，事实上一般也只要低要求"修行"，一段时间以后就拿到文凭的，这种情况（主要是在职成教生）不在少数，尤其是招生人数特别多的高校，以及某个、某几个招生人数特别多的专业。

（二）成教文凭应用不当扩大社会不公平

对于教育是促进社会公平还是扩大社会不公平，因为关系到每一个受教育者的切身利益，关系到教育发展与国家前途，社会各界都非常关心，专家学者、教育行政工作人员等等，也众说纷纭，观点各异，事实上也的确如此。笔者认为，"文凭"是一把双刃剑，关键要看教育过程的管理和教育结果的应用——过程管理规范、结果应用得当，就无疑会极大地促进社会公平；而过程管理不规范、结果应用不当，则很可能就会扩大社会不公平。成教文凭尤其如此。

以职务、职称晋升和工资待遇晋级为例，成教文凭是这些方面"上"或"下"的重要甚至关键"依据"，特别是事业单位职务晋升的时候。当被考察者有一定社会关系，"需要照顾"的时候，成教文凭就成了必需的"门槛"、关键的"砝码"——因为他有文凭（甚至是"本科文凭"），就有机会获得所需。而当被考察者没有什么"关系"，没有人可以对他给予"关照"，甚至他可能"挡着人家的'道'"的时候，他的这个本科文凭就会因为"只不过是成教文凭"而"失效"。同样的现象也常常发生在就业的过程中：在应聘就业，尤其是在事业单位就业时，对于需要就业又有关系的人，因为"他有文凭"，"他有本科文凭"（虽然是成教的），就可以得到那个"饭碗"甚至"重要岗位"；而对于没有关系，却想就业的人，因为"他只不过是成教文凭"，就不能入职。

以上这些现象的出现，除了社会用人制度、机制，以及社会不良风气影响以外，还与成教的特殊性和成教质量的差异性直接相关，这也导致社会对成教的认可度难题。

二、怎样办好普通高校成人教育

（一）区别学历与非学历教育，允许成教全日制脱产学习

从2008年开始，我国普通高校成人教育一律停办脱产班；同时，成人高考招生计划也大幅压缩；专门从事成人教育的高校招收脱产班的规模也要根据具体行业的需求从严、合理确定。高校举办的成人高等学历教育，应主要面向在职从业人员，采取以业余学习为主的办学形式。

笔者认为，这个政策值得商榷，不可一刀切。普通高校担任成教办学具有一定的优势，很多具有较好的传统，也有条件、有资源。同时，普通高校承办成教，包括脱产教育，具有社会需求。现在好多单位要求员工学历必须是全日制的，越是大的单位越是要求严格。因为，有过大学熏陶的员工和没有经过大学过程的，在企业里面成长的速度，以及团队协作的能力是有明显区别的。脱产成教在成人学历里，是含金量最高的，事实上，在培养质量上，

也可以约等于全日制普通学历。因此，必须实事求是，因地制宜。

笔者也赞同高校举办的成人高等教育主要面向在职从业人员，采取以业余学习为主的办学形式，但认为，对于"在职从业人员"实施的"业余学习"，不应重在"学历教育"。"学历"重在"经历""过程"，而"在职从业人员"的成教学习主要是"学力"、收获。因此，成教可以尝试以往硕士培养有学位无学历的在职培养结果认定并发放证书，以区别于学历教育，因为"在职从业人员"他们本就没有连续进行学习。而对于没有就职、全身心（全日制）在校进行学习（有些是校企合作，如"2+3""3+2本科""2+1专科"）的年轻人，其接受的是正规的大学教育，才应该认定学历。否则，就是对"在职从业人员"的"偏爱"和对全身心在校学习的成教生的不公平。当然，正如各级教育主管部门担心"影响普通高校办学质量"的缘由，普通高校担任全日制成教脱产教育，必须严格审查，条件合适的才得到批准。

（二）控制招生规模，严格教学监管

目前很多省份的成教学生大部分集中在省会几所高校，主要图的是学校的名声，有的甚至是"好（容易）毕业"，因此，有的一所高校招收上万学生，甚至有的学生大量集中在部分专业。这无疑，对于"院校教师上课"是不能得到保障的，教学活动无从开展就必然导致教学质量的降低，也就自然地带来成教声誉的降低，形成成教文凭贬值，成教生源减少的恶性循环。因此，必须严格审核主办院校的专业条件，严格限制招生规模——以能够合理、有效组织实施教学活动为前提。

有很多成教站、点，"助考"不助学，仅仅是帮助社会考生通过成教高考成为自己的学生就了事，将助学点变为"助考点"，平时不按照教学计划执行教学，面授时间不保障，教学管理过程作假来应付检查，同样影响办学质量，降低成教声誉，这与买卖文凭差异不大，也就败坏社会风气。因此，必须规范助学点办学，严格检查督导教学。

成人教育是终身教育的一部分，既然是成教，很多都是在职工作人员，是工学结合的学习，学习时间主要是自行安排的，且是自学为主，需要较长的时间才能完成学习。教育是学习的过程，知识和专业技能需要时间的积累，因此，成教不可能一蹴而就，应该参照自考，实行学分制，一门一门课程逐科过关，允许重复修读，而其中的专业基础课程必要的时候还应该选择少量的尝试省级统考，那种"只要进门，不管修行"，一味熬时间，到时一无所获，还"顺利"毕业的做法，应该严厉禁止。

（三）认可全国普通高考成绩

成教也有学力问题，因为成教也是高等教育，需要有基础、有能力，才能完成学业，因而考试是必须的，因为，目前，考试是选拔人才的最佳途径。按照国家成人教育统一（入门）考试科目设定，高升本、高升专考4门课程——"语文＋数学＋外语＋理化（理科类）/史地（文科类）"。专升本考3门——"政治＋外语＋大学语文（文史类）/艺术概论（艺术类）/高等数学（理工、经管类）/民法（法学类）/教育理论（教育学类）"。笔者认为，设置是科学的。既考察了参加高等教育学习所须具备的公共基础，也照顾到了专业差别——这是进行专业学习的关键基础。笔者认为，成人高考可以实行全国统一或以省份为区域统一，允许甚至支持跨省参加成人教育的考试与学习。

但是，对于参加过全国普通高校统一招生考试的应往届高中生参加成人教育高升本、高升专学习，应该承认，并可以直接（参考）应用全国普通高校招生的高考成绩，因为，目前为止，这是最权威、最规范、最有效的全国统一考试之一。参加国家统一高考的，成绩两年之内有效。比照考生参加高考的生源省份当年的普通高考与成人高考成绩录取，可以当年就读，也可以次年就读（无论跨省与否）。若学生在参加高考后的次年提出申请，也可参照考试当年确定录取与否。当然，无论两年内高考成绩如何，考生自己要求，也允许参加成人高考（同样可以跨省）。

（四）确保考试过程公平

过去，我们的监考，或因不认真，或因人情故意（尤其是关系户、领导托关系，甚至集体给考试承办单位打招呼），导致考试过程人为的不公平。严格纪律，规范考试，是一件细致的工作，需要多个方面处处落实，如：严格报考资格审查；规范采集报名信息，并由考生本人签字确认；各考区制定严密可行的组考工作方案；按规定选聘、培训工作人员，人人签订《岗位责任承诺书》；考点设置、考场布置标准化；规范监考，严查违纪，责任追究；等等。湖南省教育考试院2013年5月6日颁发了湘教考发〔2013〕4号《湖南省2013年度教育考试工作考核评估细则（成人高校招生考试）》，从"组织保障、报名、考试实施、评卷、录取、经费收缴管理"六个大项共29个小项，按"目标内容要求、考核评估办法、权重"进行评价打分，并采取一票否决制。这一文件可以借鉴。

值得特别一提的是，2013年，湖南省成考报名时，要求每个考生签订《诚信考试承诺书》，并手抄一段文字，作为与答卷进行笔迹核对的依据，存档备查。考试后经鉴定发现，一些答卷上的笔迹与"承诺"时抄写的"参考文字段"笔迹不符，展开了查处。一些人就此提出了异议。湖南省考试院的理由是，当初报名时，已经严格规定：考生必须自己报名，对自己的报名信息进行确认，签名，并抄写一段文字留存"作为考试后核对笔迹的依据"，否则，报名视为无效。笔者认为，这种做法虽然是无奈之举，"不够人性化"——不允许替人代报考，因为的确会有人因为特殊理由不能亲自到场报名以外，从法律和考试的规范管理上，是正确的，笔者是赞成的。因为，这样做唯一的不足就是"不人性化"，但好处是多方面的：告诉考生你签署过协议，也有手写证据留存，起到了事先提醒和警告的作用；至少可以严查大面积替人代考现象，即使存在偶有没有按规定而替人代报考，若笔迹有大面积差别，就是集体代考现象的存在，因为往往代考现象，不会是蓄谋已久或事先安排的，因而代考者往往不是报考者或代报考者；因为报考者与参考者不一致现象的追查机制可能会涉及监考者，对于监考过程也是一种警告；特别对于企图利用权力、"资源"进行考试过程不公平操作的领导、关系部门，更是一种威慑。因此，如果能够坚持做到不准替人报考（如提前、延长报考时间），这种做法可以严格坚持下去。

论普通高校成人教育的职业导向

成人高等教育是我国高等教育的重要组成部分。"职业导向"是高等教育多样化对普通高校成人教育的现实要求。非职业导向的成人教育会扩大社会不公平，并且对教育质量监管不力。"职业导向"的普通高校成人教育现实需求旺盛，政府支持有力，并具有一定的基础，因此具有现实可行性。要办好"职业导向"的普通高校成人教育，必须明确培养目标；准确设置专业，科学确定课程与教学内容；狠抓师资队伍建设；加强教育过程管理。

一、普通高校成人教育"职业导向"的含义

"导向"的英文解释是 lead to，direction of guiding，[1] 即"使事情向某个方面发展"。[1]因而指向"目标""朝向"，更多的是理想或者说"应然"。"职业"的英文解释是 occupation，profession，vocation，[2] 即"职场上的专门行业"，[2]通常是人们在社会中所从事的作为谋生手段的专门劳动岗位。[2]"职业"是对劳动的分类，是承担一定的义务和责任，为了丰富社会物质或精神生活，参与社会分工，用专业的技能和知识创造物质或精神财富，因而获取合理报酬的一项工作。[2]

由此可见，"职业"最早，或者说首先，是作为一个人的谋生手段。但笔者认为，"职业"同时可以是一个人除了生存以外的或与生存无关的兴趣、爱好，可以是无功利的终身追求、专注工作。因为社会发展到今天，特别是近几十年来的财富积累，世界上，包括在中国，很多人的基本生活问题已经解决，甚至贫富悬殊，一些人完全可以不用"为了生计"去工作，他们把工作

当作一种享受，一种自我价值的实现和对社会的奉献。当然，这是一种较高的境界。但无论是哪一类人，接受教育是应该的，甚至是必须的，因为经过学习，受过教育的人所创造的价值，与没有受过相应教育的人相比会更多。受过不同教育的人的工作质量和效益、效率会大大不同，所取得的（长期或短期）报酬（收益），包括晋升机会，都会有所区别。

"情况越是特殊，知识就越是经验性的；知识越是经验性的，教育就越不是自由的。"[3]89 通常我们说"就业"是指没有工作去找到属于自己的工作，安心工作。本文所指的"就业"指"为了找到工作，或为了找到更好的工作；或者，已经在工作着，为了把现有工作做得更好"。因此，本文所指的"职业导向"就是"就业导向"，而"职业教育"也就是"就业教育"。

职业教育是使受教育者获得某种职业或生产劳动所需要的职业知识、技能和职业道德的教育，[4] 包括职业学校教育、职工就业前/就业中的培训和对下岗职工的再就业培训。而其中职业培训是以提高劳动者职业技能为目的的教育，相对来说，更加"专业"，内涵更"精"，范围更"狭"。对于普通高校成人教育，笔者认为，在当前发展状况和国民素质与要求下，教育的目的应该定位在为受教育者从事某个职业做基础、做准备。当然，这里的"职业"又并不局限于某一个单一、狭隘的谋生手段，而必须具有行业可拓展性，就是说，普通高校成人教育，尤其是具有学历教育意义的成人教育，应当面向行业，使受教育者未来可以适应某个行业的多个相近的职业。因此，必须具有一定的文化基础和专业的可扩展性。这又是普通高校成人教育与一般（尤其是短期）职业技术培训的根本差别之所在。

二、"职业导向"是现阶段普通高校成人教育的核心使命

这首先是一个认识问题。笔者非常赞同这样的观点：普通高校成人教育与其他各种类型的教育形式一样，是素质教育、终身教育、全人教育的一部分。然而，对于接受教育的群体复杂而特殊的成人教育，我们一方面要认识其教育的特殊性，同时还要看到非职业导向可能以及已经带来的多方面问题。

（一）"职业导向"是高等教育多样化对普通高校成人教育的现实要求

社会是按各个行业组织起来的，一个人要想适应所有行业的具体需要是不可能的。因此存在两种可能，一是学校教授最基本的共同课程，适用于各种不同的行业，因而无暇顾及教授与行业具体有关的知识。毕业后根据就业方向先接受较长的岗位培训。另一种是学校除一定的共同课程外，教授与某行业相关的课程，毕业后可以到该行业工作，上手较快，但转行较难。[5]5

"大学不能成为满足所有人需要的万能之物。"[3]77人的天赋是有差别的，包括遗传因素和非遗传因素。除了程度不同以外，还有性质上的区别。有人思维能力强、有人实际操作能力强，有人理性、有人感性等。[5]2人才体系也是一个立体的结构，人人都可能成为人才。[5]1有的学生逻辑思维能力强，适于从事理论分析的基础工作；有的动手能力强，善于解决实际操作问题；有的善于组织管理。人所处的环境也是千差万别的，个人努力也不一样。相应地，教育也应该多种模式，多样化，而不是要把人培养成一个模子里压出来的。[5]5学习阶段既要注意全面发展，也要注意发现和发掘自己的特长，发挥相对优势。

人类社会发展到今天，对于大多数人来说，受教育的首要目的还是获得谋生的手段，因此通过有限的在校时间使学生获得对求职谋生最有用的东西是高校的主要任务。[5]5而面对我国教育实际和现有社会发展水平，当前我国的成人教育，更重要的还是应该结合市场需求和劳动就业。因此成人教育学生选择职业教育是教育多样化的必然，也是成教学生自我价值实现的需求。当然，普通高校的成人教育能够与一般职业技能培训具有明显差别，因为普通高校成人教育是借助正规高等教育（母体学校）资源办学的，学生接受的也是高等教育。

（二）非职业导向的普通高校成人教育将扩大社会不公平

"文凭"是一把双刃剑，关键要看教育过程的管理和教育结果的应用，过程管理规范、结果应用得当，就会极大地促进社会公平；否则，就会扩大社会不公平。非职业导向的成教文凭尤其如此。

以职务、职称晋升和工资待遇晋级为例，成教文凭是这些方面"上"或"下"的重要甚至关键"依据"，特别是在事业单位。当被考察者有一定社会关系，"需要照顾"的时候，文凭就成了必需的"门槛"、关键的"砝码"，因为他有文凭（甚至是"本科文凭"，虽然是成教）；而当被考察者没有什么"关系"，没有人可以对他给予"关照"，甚至他可能"挡着人家的'道'"的时候，他的这个本科文凭就会因为"只不过是成教的"而"失效"。当然，同样的现象也可能发生在就业的过程中，但也主要是在事业单位。然而，当成教的重点在实实在在培养职业技能的时候，这种影响就会大大减少，没有真才实学，交给你一个任务，你凭什么去完成？

成人教育生源和学习形式多样，有的是两三年在校全日制学习的（国家近年不允许），这些人（主要是高考落榜生）经过实实在在正规、按部就班的连续学习，受过大学的正规管理；有的大学与企业合作办学，采取订单式的"学历＋技能教育"，一段时间利用高校教学资源进行学历教育（"理论＋部分专业基础实践"），然后在企业的"做"中加强专业技术培训，这两种教育是真材实料的人才培养。而有的则只要参加成人高考进来，不需"修行"（事实上一般也只要低要求"修行"），一段时间以后就拿到文凭，这种情况（主要是在职工作人员，很多是事业单位的）的培养质量是值得质疑的，尤其是招生成教生特别多的高校，以及某个、某几个招生人数特别多的专业。前两种类型与后一种类型的成人教育之间，同是成教文凭，却有明显差别。

（三）非职业导向的普通高校成人教育质量监管不力

一直以来，各级教育主管部门对成教办学各个环节的质量都十分重视，进行监管，对确保成教质量起到了很大的作用。如湖南省教育厅每年都组织专家对各教育机构举办的成教本科毕业论文（设计）进行随机抽查，指出问题与不足，提出针对性的改进意见反馈给办学机构，并在全省范围内进行通报。然而，成教有其他办学形式不具备的特殊性，学历教育/非学历教育、全日制/函授、脱产/在职等办学类型的多样性，学生年龄跨度大（十几岁到四五十岁）、修读专业学生不集中（很多或很少人读同一专业），再严厉的监管也有其局限性。

同时，成人教育一般属于"宽进宽出"型的高等教育，除了入门的资格考试（全国统一成人高考）和部分学生自愿申请学士学位需要参加学位英语考试外，没有省级以上的统一考试。成教的教学直至学生毕业，主要由办学机构自行负责，其办学过程中的主动权也较大。其质量高低、管理到位与否，常常也由办学机构的良心决定。这些表现在成教办学的方方面面，如办学机构把成教办学当作增加经济收入的渠道，为此，争抢生源的过程中让社会人员分走办学收入中的一杯羹，大大降低了办学成本，自然影响教育质量，甚至导致主观上和客观实际上，教学与管理只是应付上级规定和检查；对于成人教育的培养目标没有进行针对性的单独思考，于是培养方案、课程设计完全照搬，甚至是简单弱化二本（一本）全日制本科教育，实践环节也就大多"免了"；师资队伍也是完全"借用"母体学校，因为根本没有专职成人教育教师队伍，更谈不上双师型；至于课程内容与教学方法的成人或岗位（甚至行业）的针对性，那是"不可能的事"；特别是，目前很多成教学生大部分集中在省会几所高校，或是图"名声"，或是"好（容易）毕业"，有的一所高校招收上万学生，甚至大量集中在部分专业，这无疑是不能保证"院校教师上课"的。学生进得门来，本就不知道要学什么，在这样的环境和"重视"程度下，不"混学业"、熬时间才怪。

三、普通高校成人教育"职业导向"具有现实可行性

（一）现实需求旺盛

一直以来，我国的各类教育"职业导向"严重不足，导致教育结构严重不合理，教育目标严重脱离社会需求。结果，我国的职业教育远远落后于西方发达国家，远远不能满足国家与经济社会发展的需求。在我国，"技工荒"现象严重存在，尤其是高级技工人才，如车工、电工、焊工、数控机床操作工等专业的技校工供不应求，甚至十几万年薪难觅高级技工。可见国家需求、企业要求、个人需求难以满足。

而事实上，由于我国教育长期以来"只为文凭"的短期功利性的不足，

职业教育仍然是我国教育事业的薄弱环节，发展不平衡，投入不足，办学条件比较差，办学机制以及人才培养的规模、结构、质量还不能适应经济社会发展的需要。[6]但同时，我国人口众多，却由于社会发展不够，人口素质层次差异较大，使得我国很多在读中职生、高考落榜生，以及在职职工都需要接受"职业导向"的高等教育，因此，生源广泛。

（二）政府支持有力

政府把大力发展职业教育，加快人力资源开发，作为推进新型工业化、解决"三农"问题、促进就业再就业的重大举措。政府要求企业强化职工培训，以提高职工素质；要求企业接受学生实习和教师实践。并且对支付实习学生报酬的企业，给予相应税收优惠。"企业必须足额提取教育培训经费，用于企业职工特别是一线职工的教育和培训，企业新上项目都要安排员工参加技术培训。"[6]

（三）有一定基础

近些年来，我国对普通高校成人教育"职业导向"的认识逐渐提高，我们高兴地看到，在政府与地方的重视、支持下，我国各类高校，特别是地方院校，越来越重视包括成人教育在内的高等教育的"职业导向"。我们从以往职业导向的各类教育的成功办学过程中积累了经验，也从不重视职业导向的普通高校成人教育的不足中吸取了教训。

一些年来，我们在"职业导向"的普通高校成人教育的师资队伍建设、实习基地建设等方面都取得了很大的成就，我们越来越多地借助企事业单位的技术设备与管理经验，与各类行业、企业的用人单位共同研制培养方案，确定课程及其内容，共同完成实践教学环节。

四、如何做好"职业导向"的普通高校成人教育

（一）明确培养目标

以就业为导向，服务地方或区域经济社会，与生产实践、技术推广、社

会服务紧密结合，为我国走新型工业化道路，调整经济结构和转变经济增长方式服务。加快生产、服务一线急需的技能型人才的培养，特别是现代制造业、现代服务业紧缺的高素质高技能专门人才的培养。[6]

促进农村劳动力合理有序转移和农民脱贫致富，提高进城农民工的职业技能，帮助他们在城镇稳定就业。[6]

明晰"职业导向"普通高校成人教育应培养学习者的能力：综合分析能力、资料收集能力、项目规划能力、知识运用能力、方案制定能力、项目实施能力、规范应用能力、创新开发能力、故障判断能力、组织协调能力。

根据受教育者的不同类型、不同需求，设置不同类型的培养目标，实施针对性的教育教学。

（二）准确设置专业，科学确定课程与教学内容

专业设置要考虑区域经济发展的实际情况，适应区域产业结构的变化趋势，大胆淘汰压缩衰退专业，稳定巩固成熟专业，下大力气发展新兴专业。

"职业教育是为工作而接受的训练，这种训练的合适场所是就业单位。"[3]87要积极推广订单式培养，通过校企合作，与用人单位共同商讨确定专业、课程及教学内容。使受教育者安心学习，安心服务地方、服务区域、服务企业。

根据市场和社会需要，不断更新教学内容，改进教学方法。加强学生的实践能力和职业技能培养　　。推进学生获取职业资格证书工作。[6]"一项工艺或一种专业的实践本质上是一种技艺性的工作。正因为如此，在实践环境里——即在实际工作中——学习技艺能够学得最好。"[3]89

（三）狠抓师资队伍建设

双师型教师队伍建设是目前乃至今后很长一段时间我国"职业导向"的高等教育的短板，必须重点关注，下大力气给予改善。专业教师必须定期或不定期地在企业或生产服务一线参加实践。实施职业导向的成人教育的高等院校要大量面向社会聘用工程技术人员、高技能人才担任专业课教师或实习指导教师。支持实践性较强的专业课教师，按照相应专业技术职务申请评定

第二专业技术资格，或申请取得相应的职业资格证书。

（四）加强教育过程管理

知识和专业技能的掌握不是一蹴而就的，需要时间的积累加以过程的把握。成教学生很多都是在职人员，是工学结合的学习，以自学为主，学习时间主要是自行安排，需要较长的时间才能完成。因此，必须严格把好教学过程关，通过必要的、严格的课程考试保证质量，实行学分制，其中部分关键的专业基础和专业技术、技能课程尝试省级统考。

要高度重视实践环节教学，与企业紧密联系，加强生产实习和社会实践，实习期间，企业与学校共同组织好专业理论教学和技能实训工作。

五、"职业导向"普通高校成人教育的成功案例

通过长期观察与思考，湖南文理学院继续教育学院大胆探索，于2008年起，与近50家一流实体企业签订了旨在实现"学历达标，技能合格，就业保障"的"3"个目标，以校企"2"家合作，培养"1"个合格的高技能人才的"321"模式普通高校"职业导向"成人教育的办学协议，每年招收300多人，完全实施需求导向、工学结合的订单式培养，目前主要专业设置为土木工程、自动化、通信工程、建筑电气、计算机、动画设计、市场营销、电子商务、国际经贸、财务管理等，就业需求大，就业形势好，就业待遇好，学生及其家长满意，用人单位满意。

该办学模式的培养方案由企业与高校共同研究确定，主要专业技术课和技能课由企业确定，还可以根据企业要求适时修改。必需的公共课程、基础课程，以及部分基本技术课程，由高校教师担任，并尽量优选具有工程技术经理和管理经验的教师；主要专业技术课和技能课由企业派出教师（通常是工程技术人员或一线管理干部）担任。基本教学设备由合作双方共建共享；核心专业技术设备由企业提供。实习实训完全在企业以顶岗方式进行。

参考文献：

[1]百度百科词条"导向"，访问时间：2008年3月28日。

[2]百度百科词条"职业"，访问时间：2008年3月28日。

[3]〔美〕约翰·S·布鲁贝克：《高等教育哲学》，王承绪等译，浙江教育出版社，2002。

[4]百度百科词条"职业教育"，访问时间：2008年3月28日。

[5]朱高峰：《教育思想论札之二（二则）》，《高等工程教育研究》2012年第6期，第1~5页。

[6]国务院：《关于大力发展职业教育的决定》（国发〔2005〕35号），中国政府网，访问时间：2008年3月28日。

确保职业教育"职业性"的几个关键环节

职业教育既区别于普通教育，又不同于技能培训，其在知识的广度和深度要求上不如普通教育，却远远超过一般意义上的技能培训；其对技能方面的要求专于普通教育，却宽泛于技能培训。职业教育的根本特点就是"职业性"，它是一种定向的教育，从一开始就有着明确的培养目标和就业去向。要真正落实好职业教育的"职业性"，就要深入理解职业教育内涵，明确职业教育目标定位；科学进行专业布局，准确做好专业设置；针对性地设置课程，精选教学内容；优化培养模式，灵活教学方式；加强"双师"队伍建设。

一、深入理解职业教育内涵，明确职业教育目标定位

深入理解职业教育内涵，明确职业教育目标定位，是做好职业教育顶层设计的关键。那么，什么是职业教育？职业教育的培养目标是什么？

"职业"是"对劳动的分类"，是"职场上的专门行业"，通常是人们在社会中所从事的作为谋生手段的专门劳动岗位。[1]随着社会的发展进步，新知识、新技术、新发明不断涌现，对人才的素质要求越来越高，作为面向行业、企业的专门工作人员，必须掌握专门的知识，经过专门的训练才能胜任某个或某类职业。因此，职业意味着专业，而专业也就意味着资质，即从事某一特殊行业所必须具有的资格，只有具备了这个资质，取得了相应的资格证书才能从事这个行业。[1]所以，需要开展职业教育而"使受教育者获得某种职业或从事生产劳动所需要的专门知识、技能和职业道德"。[1]很明显，职业教育是入职之前所进行的专业教育，是为从事技术、管理等职业做知识和

技能的准备，因此，职业教育是一种定向的教育，它从一开始就有着明确的培养目标和就业去向，即培养符合职业要求，适应生产、建设、管理、服务一线需要的、德智体美劳全面发展的从业人员——中高级技术应用型人才。

职业教育包括高等职业教育和中等职业教育，它区别于普通教育，强调专业的适应性和技能的专门性、熟练性，而不在于知识的广博性；职业教育又区别于技能培训（虽然职业教育也含有技能培训部分），它要求知识够用，技术深厚，兼具技术的可扩展性，而不是短期技能培训时单一、狭隘的技艺。职业教育要求受教育者在素质教育的基础上，具备专业技术人才应具备的运用知识并在一定程度上更新知识的能力，选择、处理信息资料的能力，任务策划和组织管理能力，以提高行业就业的适应能力，成为一专多能的技术型人才。

二、科学进行专业布局，准确做好专业设置

专业设置是连接教育与人、教育与经济的纽带，是职业教育为人的发展和经济发展服务的具体体现，是职业学校适应社会需求、保证人才培养"适销对路"的关键环节之一。没有科学合理的专业设置，不能从经济社会的有效需求出发设置专业，必然会造成人才供求的失衡与错位，影响经济的发展和职业教育的生命力。

要做好专业设置，需要考虑方方面面的问题。要根据地区、行业经济和社会发展的需要，按照技术领域和职业岗位（群）的实际需要来设置和调整专业。这就必须充分考虑专业设置的现实性和前瞻性。现实性考量涉及职业教育师资力量、教学条件、地方经济建设对高技能人才的需求、应用型技术人才现状、普通人才就业需求以及辐射周边和特定就业区域；前瞻性考量涉及地方、周边和区域产业发展、改造与升级，地方与区域可持续发展，国家经济发展变革与战略调整，以及人的可持续全面发展，等等，因此，必须进行充分调研，深入论证。

关键是社会、国家、经济和受教育者需要什么，我们能提供什么，我们最能做成什么，要在行业甚至企业的指导下进行人才需求调查研究，把专业

设置、专业建设与行业发展对人才的需求紧密结合起来，提高人才培养的针对性和有效性。[2] 学生在校学习时既是学校学生，又是企业的学徒工，专业设置与产业需求对接，才能更好地提高技能型人才培养的针对性与有效性。实行"双证书"制度（"学历证书＋职业资格证书"），[3] 在学生毕业（学徒结束）时，就可以知识与技能兼有，直接就业，就好业。

三、针对性地设置课程，精选教学内容

职业教育首先是人的教育，因此，要以实现人的全面发展、可持续发展、个性发展为前提，设置必要的和够用的素质教育和文化知识课程，造就基本素质与能力。在此基础上，实施针对性的职业专业教育，加强职业素养和职业能力。

专业是与学科的横向分化与专门化相关联的知识领域的分割。人们必须通过专业化训练才能达到一种理想化的职业状态，也就必然要求拥有专门的知识基础、特定的技术能力。这些认知是做好职业教育课程设计的前提。因此，鉴于职业教育既不同于普通教育，也不同于短期技能培训，其课程设置自然有其自身的特殊性。

从实用的角度来说，职业教育就是就业教育，其基本知识面及其要求低于普通高等教育，又高于短期技能培训，因此，职业教育强调实践教学，并且在教学实践中要充分体现职业性，不可有太强的学科本位教育思想，[4] 不能过分讲求知识的宽泛性、系统性、完整性。然而，职业教育毕竟是关注人的全面发展、终身发展、可持续发展的教育，因此，必须体现教育性，不能只是注重培养学生的动手能力而忽视专业理论的传授。无论是学科本位的教学行为，还是只重实践、忽视专业理论传授的教学行为，都将使职业教育走向缺陷。

职业教育的教学内容既有职业理论知识，也有实践操作技能，还有职业道德规范；职业教育要实现课程内容与职业标准、教学过程与生产过程的有效对接。[5]

四、优化培养模式，灵活教学方式

职业教育的教学环境既可以是教室，也可以是实训室，还可以是生产车间，有时候也可能是教师、技术员实验室；教学手段既可以是黑板上的讲解、案例经验的介绍，也可以是仿真台旁的演示，还可以是机器边的操作。教师在不同的教学环境，使用不同的教学手段，传授不同的教学内容，并根据学生的自身素质，引导学生的兴趣，开发学生的潜能。[4]

职业教育要通过校企合作建立"校中厂"或"厂中校"。[4]企业将可用于教育教学的资源提供给职业院校，学校把学生送到工厂车间生产一线训练。建立校内外生产性学徒培训基地，由企业负责管理，并承担学徒指导、顶岗实训。[4]

要建立顶岗制度，使学生在企业锻炼中提高实践操作技能，在教学实践中强化职业教育意识。要实现教室与岗位、教师与师傅、考试与考核、学历与证书的深度融合。[4]

要建立校企共同制订人才培养方案、课程体系，共同确定教学内容的双元育人培养模式。按照企业需求实施校企联合培养。共同开发、选定理论课与岗位技能课教材，共同组织理论课与岗位技能课教学。[3]学生的理论知识与基本技能由职业院校的教师教授，学生的职业岗位实际操作知识和技能由企业师傅进行传、帮、带，实现理论与实践的紧密结合、知识与技能的完全融合。[3]

五、加强"双师"队伍建设

这里的"双师"不是一人双证（教师资格证、工程师证）之"双师"，而是指职业院校教师和企业师傅，是职业院校学生的两方面老师。职业教育教师除具备一般教师应具备的政治思想、道德品质、遵纪守法、善心、爱心等品格和一定的专业知识外，面对职业教育的特殊性，还要具备胜任职业教育的特殊职业素养、职业教育意识、实践操作能力以及结合实践的教育教学能力。职业院校在合作企业中聘用技术骨干、管理精英、高技能人才担任行业企业专门课程教学或岗位技能指导。[4] 要以稳定的"双师"（教师与师傅）联合传授知识与技能，工学交替、实岗育人，以提高学生知识与能力的专业与行业契合度，使学生就业岗位与企业需求岗位相适应。[4]

职业教育教师必须具有职业教育意识，才能准确把握职业教育的人才培养目标，树立正确的职业教育人才观、质量观、课程观和教学观。职业教育的根本特征就在于"职业性"，毕业生必须具备较强的动手能力，就要受到操作技术的基本训练，掌握动作要领，形成合理、准确的操作习惯，最终具有熟练的操作技能，[3] 也就要求教师首先具备丰富的实践经验，精湛的实践操作技能。因此，要建立专业教师定期到企业顶岗锻炼制度，在企业锻炼中提高实践操作技能。教师只有到生产一线去体验，才能真正了解生产设备、工艺流程，生产与管理及行业发展的动态信息，了解自己所教授专业目前的状况以及今后的发展趋势，积累教学需要的实践操作技术和企业生产的实践经验。[4]

参考文献：

[1] 百度百科词条"职业"，访问时间：2014年3月18日。

[2] 邓志辉、王兆奇、赵明威:《高等职业教育建立"深度融合互利共赢"校企合作长效机制的研究与探索》，中国高职高专教育网，访问时间：2014年3月18日。

[3] 梁幸平:《职业教育现代学徒制试点的若干思考》，中国高职高专教育网，访问时间：2014年3月10日。

[4] 王宇苓:《高职院校教师的职业素养与提升》，中国高职高专教育网，访问时间：2014年3月18日。

[5]《国务院常务会部署加快发展现代职业教育》，中国高职高专教育网，访问时间：2014年2月26日。

[6] 梁幸平:《建立高职院校集团化办学体制机制的思考》，《职教论坛》2011年第4期，第25~27页。

第四部分

04

│ 余论 │

如何理解"对大学生合理增负"?

2018年6月21日,"新时代全国高等学校本科教育工作会议"在四川大学举行,会上教育部部长陈宝生要求:严把大学出口关,对大学生合理"增负",改变考试方式,严格过程考核……。此言一出,全社会大加赞赏,广大高校教师尤其振奋,他们说:这才是真正看到了有关质量的深层次问题,早就该这样了,作为教师,我们再也不能"不得已地"陪学生混了。但是,高校,特别是地方高校的领导却有些犯难了:"增负"确实是必要的,但更多学生不能毕业怎么得了?我的质量由此"差了",声誉、生源怎么办?笔者认为,首先是认识问题——为什么必须"增负",其次是操作问题——如何做到"合理",涉及面大,影响深远,是值得高校领导和教师深入思考和正确践行的大事。

一、为什么要对大学生"增负"

首先是应然,因为"回归常识,回归本分",高等教育和其他教育一样,学生的根本任务就是学习;"青春是用来奋斗的","大学生的成长成才不是轻轻松松,玩玩游戏就能实现的"。其次更是事实所迫,因为现在的大学,太"快乐"了,好多"水课"轻松易过,很多学生没有用心学习,到头来没有收获,却"轻轻松松"就毕业了,大学文凭太"水"了。导致现有问题的根源主要在思想和行动两个方面,以下列举的现象在普通本科院校普遍存在。

（一）认识错误，导向偏颇

一是读书无用论。原因:（1）社会存在一种普遍的得过且过的观点:如今,国家发展了,经济强了,社会保障好了,读大学混混就行了,学那么多、那么好、那么辛苦干什么?（2）一些权贵人士或有钱人娇惯子女,反正家境殷实,没指望孩子将来凭本事挣钱,只要能毕业——有那张纸（文凭）就好了,工作都给你安排好了,或是有家族事业继承,读大学只是长面子,顺便多交朋友、谋资源。另一方面也怕不读大学孩子学坏。（3）如今的大学,过多地强调所谓的素质教育,所学的知识（专业）与就业关系不大,读书与能力不成比例,有无文凭只是一个门槛,读好读差一个样。（4）很多原本家境差的,认为贫富悬殊、阶层差别,反正毕业后就业还是要拼爹,大学几年,辛苦付出白费了,学再好没有用,不如先"享受"大学时代的美好青春。

二是社会期望降低了。不少人认为如今上大学的比例高了,二十几年前不能读大学（含专科）的,现在可以读本科（甚至一本）,因此生源质量差了,对大学生的要求就要"理所当然"地降低了。再说现实中青年人尤其是大学生面对的诱惑太多了,他们如何安心学习?能混毕业就已经不错了,别指望他们能真正学到什么。甚至认为,由于幸运地处于信息化的时代,点开手机,他们时时、处处都在"学习",他们的知识面广多了,所以没必要给他们太多压力。显然,这样的观点是浅薄的。事实上,由于沉迷于网络游戏、电影、聊天甚至各类天南海北、八竿子打不着关系的八卦新闻之类,不仅增长知识面谈不上,就连打几个字都是错别字,写几句话也不通。

三是大学自己的过度担心。在很多大学,特别是普通本科学院,各级领导,特别是校级主要领导,在大会小会上多次明确表达自己的观点:学生及格率和毕业率低,就是我们的教学质量差,教师水平不够、责任心不强;学生不毕业,他们及其家长和社会就会给我们差评,我们的生源哪里来?于是,哪个二级教学院的及格率、毕业率低了,就会得到领导的严厉批评:学生出了心理问题怎么办?出了人命大事怎么办?你还想继续招生吗?……领导最怕阳光平台,却每每一点毫不起眼、无关紧要的小事,学生也会捅上那里,一层层、一个个"相关者"就麻烦了。事实上,由于大学生的课程学习内容、学业成绩大多是学校自行把关的（关键在于学习内容选择与考试题目难易），校级间的可比性往往不大（统考科目和技能竞赛等除外），所以这样的担心和层层下压极易导致教师不得已地随意"放水"。

（二）指挥失当，过程不实

不少学校按二级教学院、专业，把课程不及格或未通过率在全校排名公布，公开点名批评甚至说要"追责"。教学单位又一层层依葫芦画瓢，并要求老师"想办法"。于是，几乎每门课程教师都准备了复习资料，都是连答案的，答案还往往唯一，资料太"宽泛"还不行，考前5周就发下去，并找时间给学生进行"针对性"的当面辅导，只是为了应付自己出的题目，大面积不及格怎么得了。题目类型方面，学校还有规定的，填空、选择、判断、找错改错、计算、分析、设计……都要有，答案也往往是唯一的。不及格的，一次次考试，直到老师无奈"给"及格为止，似乎也不需要自学、重修，尤其要毕业了，加"特餐"。校历是执行教学的法律，必须严格参照执行，但为了政治学习听一堂报告，甚至为了"迎国检"或其他"评估"搞卫生，全校就可以停一下午课，不知道为什么指令如此随便，殊不知，一次大范围的停课导致的问题不是即时、简单就能解决的。

一堂实验课上，教授耐心讲解，细致得过头，学生只管玩手机。教授事先把每个线路都给学生接好了。一问：为什么这样？教授叹气：没办法，连错了会烧坏元器件。二问：为什么不能学生互相检查，然后教师检查？答：时间来不及。三问：不能精简项目？答：没办法，教学大纲规定的。四问：大纲不是你们自己设计的吗？答：上面要检查，评估要过关。于是，学生只需按照教授发下来的报告纸上的步骤做——调参数，观察波形，然后把数据填进表格。不需要谈论，不需要思考，不知道这样做的意义在哪里？另一堂实验课上，看到学生大多没事干，问老师：实验设备够吗？答：每人一台都够。二问：为什么4人一组？答：人多才可能有愿做、会做的。三问：不能要求他们都动手吗？答：能逮过来就不错了，来了也不做，你能怎的？如今，外出参观好不容易的，需要人家接纳，还要有人讲解，因此即使原来计划是"一周"，也只有2—3个半天就"做"完了。没有提前几天向学生提供参考资料、设问和布置任务，没有现场的深入讲解，极少学生提问，不到两个小时的走马观花，可惜了来去4个小时的路途劳累。

课堂上，老师往往会多次停下来督促学生听课，却也不见效果如何；学生在忙于抄作业——课程作业、实验报告、实践报告、课程设计……。问：你们干什么去了？为什么上课还抄作业？答：太多了，做不完。二问：抄作业有意义吗？抄了有收获吗？漫不经心地答：没有。三问：可以叫老师少布置或不布置吗？答：老师说不行。他也无奈，因为要检查——学校要检查，评估也要查。看来，主要问题不在教师不负责任，大概也不是老师水平不够。相反，相对于三十年前的大学，似乎现在的教师更负责任，却更可怜，他们的权力也更小了——连备课都规定了格式、要素，一堂课的讲授时间安排要精确到30秒。教师辛辛苦苦，但到头来，大部分高校的大部分学生和少部分高校的少部分学生，浑浑噩噩度过大学生活，知识？能力？都没有。最后是高不成低不就。老师真的很苦恼：我们到底怎么了？我怎么了？

二、如何使"增负"做到"合理"

大学4—5年，有限的时间里要掌握的知识和练就的能力太多，"合理增负"就是要把握一个"度"，这往往是不容易的。"增负"就要严格过程管理，实实在在地加载——挤出多余的"水"，"增加课程难度"，"让学生把更多的时间花在读书上"，"严把出口关"；"合理"就是要充分利用有限的时间——摒弃很多的"冗枝末节"和"表面文章"，重实质，求实效。

（一）合理规划，科学设计

大学人才培养依托专业进行，专业与社会分工和职业相关，而大学的专业归根到底就是课程集群，因此，大学培养方案就是时序概念基础上的课程设置及课程教学内容。我们常说地方院校"以职业为导向"，但"回归本分"，大学本科教育须立足其特定的含义，不是仅仅培养熟练工人，因而高于职业教育，更远远高于职业技能培训，于是，大学几年，要学的知识很多，技能也不少。这就要处理好时间与内容的关系问题，注意内容与方法的针对性、可操作性。面向职业，应是行业，而不是某个具体企业或岗位，那就会限制就业者对未来行业的拓展性和工作单位、岗位的适应性。技能的范畴就不可太狭隘，因为不是具体企业某个生产线，而是面向行业的"类"技能——这才是本科教育。

所以，过多岗位课程份额和过早介入的"订单式"类的教育不可取。现在很多时髦的"3+1"甚至"2+2"培养，把很多时间和精力用在具体单位、具体岗位上实践的培养模式，也不可取，因为丢失了很多本该掌握的本科知识与"类"技能。很多本科教育，第七学期极少设置课程，把时间用于学生考研、参加技能培训、找工作等，大部分学生却是无所事事，他们都玩得受不了，提意见。大部分本科教育，第八学期不设置任何课程，用于做毕业论文（设计）、找工作，事实上，简单了解就可以知道：极少学生真正花上一个月专心于毕业论文（设计）。至于找工作，如果普遍做到6月份才开始进入社会和就业，就不存在就业与毕业冲突了，更不需第七学期就因就业影响学习。可见，很多地方是该"增"的。

（二）做实过程，严格管理

做实就是实实在在的，不搞形式，不做表面文章，不搞应付，这主要是"减"——留出更多的、足够的时间。还有，本科教育有其自己的标准，达不到就继续学习，延期毕业，甚至放弃。因此，应该在把握质量标准的前提下延长年限，实施弹性学制。

我们通常讲，要以课程组开展研讨，集体备课，充分考虑专业特点实施相近课程内容整合，避免交叉重复。而事实上，教学大纲往往出自一人之手，课程间各自为政，教学中很多内容重复占去很多时间。过多的课业负担，简单思考就该处理好的。大学本科教育，参照课本例题就可以简单完成的作业题，是否有必要做，笔者是有疑问的。并且理工科的课程实验中，不少是初高中就做过的。实验项目的设计，必须精简且需有代表性、探究性，做一个就做深、做透，一些验证性的、展示性的，或通过视频资料等只需要"过一过"的，完全没有必要"做"一遍。笔者有一种大胆的设想：基于毕业论文（设计）的现状，这个大量耽误时间却又收获不大的环节可否取消？还有实践报告，规定20页，也无必要。

一些集中实践，在行前讲课时，一个教师就够了；动手实践的前一段，一个技术人员也够了——指导操作，传授习惯与方法、技巧，发现问题即时指正；而在调试、故障查找与改正、项目验收的阶段，则需要实践经验丰富、动手能力强的3—4位教师和技术员，否则，学生就会排长队，这是最危险的，学生无所事事，还会责怪我们是在混时间、耽误他们的青春。事实上，有的排了很久的队，只需要我们几分钟就能检查、判断，指出问题，叫学生返工，耽误了那么久，我们于心何忍。实实在在的教学安排可以为学生节约大量时间，学得更深更扎实。

名目繁多、过于经常的教学检查，过多、过细的教学要求，使老师们忙于填表、交材料，没有了教学中的自主权和能动力，甚至不得不给学生增加一些本就没有意义的额外负担。天天说"改变考试方式，严格过程考评"，但你没有权力。一个本科生的毕业设计，学校要求最好做出实际东西，哪怕课题过小，只要适用，只要是"作品"。其实就是简单的技能展示而已，又有什么用呢？笔者认为，这样的小玩意不要也罢。

当然，过程考核最重要。学习是一个过程，完整听一门课，你可以学到很多仅仅看书学不到的，包括组织表达、归纳总结、知识与技能的拓展等，通过了考试并不表示你就学得如何，因此，学生必须走进课堂听课。当然，教师也要回归本分，那就是安心教学，想方设法提高教学质量，以此吸引学生愿意甚至想听你的课。过程包括很多环节和内容，还有动手实践、项目参与、课外研讨等。要给教师足够的权力开展教学过程管理和实施过程考核。

大学教育应坚守选择的职责

如今，高校老师太不容易了，讲一堂课还要负责学生到课率，花时间进行课堂管理——督促听讲，"请关掉手机，用心听课"，"请不要看与本堂课无关的书籍"，"后面那几位同学，请不要说话"，"这是重点，请大家特别留意"，"注意注意——这个知识点不好懂的"，甚至"这是考点，请记下"……学生流失了，也会追责到班主任（通常是专业教师兼任），因为学校对二级单位（教学院）领导问责，还要与年终待遇挂钩（因为一个生源就是一笔财源），这个"责"也就只有往下追了。（为了避免因考试成绩流失，就会要求任课教师降低要求）。多么滑稽，多么悲哀，这是发展的时代造成的吗？有人因为大学没有"混毕业"而自杀，有人因为英语或计算机等级考试没过关而自杀，甚至还有人因为害怕期末考试而自杀，等等，笔者觉得，这些人本就不该读大学，因为他们原本就不适合——也许不在智力，而更多的是兴趣、用心，没有行动。古语说"书中自有黄金屋，书中自有颜如玉"。大学几年，多好的青春年华，连文凭（毕业证、学位证）都混不到，更重要的是，什么都没学到，到头来一事无成，读它干吗？更何况很多家庭是借钱、欠债供孩子读书的。

选择是大学的本质属性之一，因为大学本就不是义务教育。正如大学通过最严格的入门考试（如高考、硕考）挑选人才（看是否有学习能力），并按博士、硕士、本科、专科等不同层次和学科型、专业型、技能型等不同类型组织教育；更好的大学还因材施教，促进学生依据个人能力、性格、特长、兴趣、爱好发展——对国家、社会也就是全面发展（因为这样，不同的人都得到了他最擅长的发展）。学生高中毕业时大多已成年或接近成年，有权选择是否上大学深造以及上什么样的大学（大多依高考成绩选择高校和专业），大学毕业后还根据自己的情况选择是否继续（甚至出国）深造，当然也有在读大学的过程中选择放弃（辍学）的自由。因此，大学的培养过程和结果也就应当具有选择性——能者上，不适者退。大学教育，选择才有规范，也才有质量。一味地让渡，降低标准，一团和气，当然是不可取的，这会形成恶性循环。近些年来，很多高校对本科生、硕士生、博士生进行了学籍清理，采取了一些果断措施清退（如上海大学），这是值得称道和借鉴的，不然既浪费了国家教育资源，也耽误了青年人的年华，本来嘛，读书不是成人的唯一途径，正如大多数人的观点（也是事实），读大学可以增加知识，提高素质和能力，但大学经历绝不等于"素质+能力"。

大学要以"选择"来确保质量，首先要有观念和氛围，就是全社会都要宽容失败，对大学生退出高等教育不足为怪，还要习以为常，因为教育公平是社会公平的基础，促进社会流动和公平是大学的社会功能，而这只有通过甄别与选择以判断一个人是否具有真才实学才能做到。其次，要有良好的选择机制和评价标准：把好出门关，该退出就一定要退出。否则，留在学校，影响之坏，后果之令人痛惜，可想而知。高等教育大众化时代的今天，我们的大学录取率已经足够高了，可以说是真正的"宽进"，因此必须严出。第三，要有学分制、延期制等科学的弹性学籍管理办法，给学生足够的期限，也就是更多的机会来按质量标准完成学业，因为经过走入社会一段时间（也许需要3—5年），他们会有认识、态度甚至行动的大转变，会专心学习，学得更好，好似"浪子回头"，善莫大焉！